COLECCIÓN

Grandes datos

ARQUITECTURA

DE

BIG DATA

Prof. Marcão - Marcus Vinícius Pinto

Renuncia:

Tenga en cuenta que la información contenida en este documento es solo para fines educativos y de entretenimiento. Se ha hecho todo lo posible para proporcionar información completa, precisa, actualizada y confiable. Ninguna garantía de ningún tipo es expresa o implícita.

Al leer este texto, el lector acepta que bajo ninguna circunstancia el autor es responsable de las pérdidas, directas o indirectas, incurridas como resultado del uso de la información contenida en este libro, incluidos, entre otros, errores, omisiones o inexactitudes.

ISBN: **9798311443098**

Pie de imprenta: Publicación independiente

Resumen.

1 Prefacio.

En un mundo cada vez más impulsado por los datos, entender el universo Big Data ya no es un diferencial sino una necesidad.

La arquitectura de big data es la columna vertebral de cualquier estrategia basada en datos, lo que permite a las organizaciones convertir la información sin procesar en información y acciones valiosas. Este libro, "Arquitectura de Big Data", fue diseñado como una guía esencial para los profesionales que desean dominar los conceptos básicos y los desafíos de esta área en constante evolución.

1.1 Para quién fue escrito este libro.

Este libro está dirigido a un público diverso que comparte un objetivo común: comprender e implementar soluciones de Big Data de manera eficiente y estratégica. Los profesionales de los campos de la tecnología de la información, la ciencia de datos, la inteligencia artificial, la gobernanza de datos y la administración de empresas encontrarán aquí una fuente fiable y completa para mejorar sus conocimientos.

Tanto si eres un arquitecto de datos que busca estructurar plataformas sólidas, un analista que quiere entender cómo se integran las capas de datos o incluso un ejecutivo que quiere tomar decisiones más informadas basadas en datos, este libro es para ti.

Además, los estudiantes e investigadores en campos relacionados con la informática, la ingeniería de datos y la gestión pueden utilizarlo como una referencia sólida y actualizada.

1.2 Porque este libro es relevante.

El contenido de este libro se distingue por su enfoque práctico y estructurado. El lector será guiado a través de conceptos fundamentales, como las 5 V del Big Data, y pasará a explorar los matices de la arquitectura en capas, desde la infraestructura física y la seguridad hasta las herramientas de gestión y análisis avanzados. El viaje culmina con aplicaciones prácticas y comparaciones entre diferentes estándares de almacenamiento, como Data Lake y Data Warehouse, lo que permite al lector elegir las estrategias que mejor se adapten a sus necesidades.

En el capítulo dedicado a las capas de Big Data, los profesionales aprenderán cómo cada componente (interfaces, bases de datos operativas, ETL, herramientas analíticas y más) juega un papel crucial en la construcción de sistemas escalables y eficientes. Este conocimiento detallado es un diferenciador clave en un mercado donde la implementación técnica de soluciones de Big Data es cada vez más compleja.

1.3   El valor que encontrarás.

Lejos de ser un manual técnico genérico, este libro proporciona:

- Ejemplos claros y contextualizados, que conecten la teoría con la práctica.

- Estudios de casos, que ilustran cómo las organizaciones exitosas integran big data en sus operaciones.

- Comparaciones detalladas, que ayudan al lector a comprender las opciones entre diferentes soluciones tecnológicas.

- Consejos prácticos, centrados en la aplicación del Big Data en empresas de diferentes sectores.

Además, el lector estará preparado para discutir, con propiedad, temas como la virtualización de datos, el streaming y el impacto de las nuevas fuentes de datos, temas cruciales para quienes buscan destacarse en áreas competitivas y dinámicas.

1.4   La promesa de esta colección.

"Big Data Architecture" es solo una de las piezas de la colección "Big Data", que aborda el tema en profundidad en diferentes frentes. Cada libro de la serie ha sido cuidadosamente diseñado para ser una herramienta de aprendizaje continuo, ya sea para profesionales al comienzo de sus carreras o para especialistas que buscan actualizarse en un mercado en constante cambio.

Al comprar este volumen, no solo estás invirtiendo en tus conocimientos, sino también en la posibilidad de explorar nuevos horizontes con los otros títulos de la colección.

La experiencia de leer este libro no es solo una introducción al mundo del Big Data; Es una puerta abierta a la transformación profesional. Al final, estarás mejor preparado para liderar proyectos, resolver desafíos complejos y posicionarte como un experto en un campo de creciente relevancia global.

Bienvenidos a este viaje. El futuro pertenece a aquellos que saben explorar y utilizar los datos. Y el tuyo empieza ahora.

Prof. Marcão - Marcus Vinícius Pinto

Maestría en Tecnologías de la Información
Especialista en Tecnologías de la Información.
Consultor, Mentor y Conferencista en Inteligencia Artificial,
Arquitectura de la Información y Gobierno de Datos.
Fundador, CEO, profesor y
asesora pedagógica en MVP Consult.

2 Arquitectura de Big Data.

Cuando se habla de Big Data, hay que ser consciente de los requisitos funcionales y no funcionales que determinan lo que se espera de esta plataforma y su alcance.

El ciclo de gestión de Big Data sigue estos pasos:

- Paso 1: Capturar los datos, ya sean estructurados o no estructurados.

- Paso 2: Los datos deben organizarse en bases de datos que puedan ser procesadas por computadoras.

- Paso 3: Los datos deben integrarse en función del problema que se desea resolver.

- Paso 4: Se analizan los datos, produciendo información útil para los directivos de la empresa.

- Paso 5: Los gerentes toman decisiones basadas en datos.

Aunque parezca un ciclo simple, hay varios factores de complicación presentes en esta propuesta. Es necesario que la validación y consistencia de los datos en las etapas de organización e integración aseguren que la combinación de fuentes de datos se realice sin errores y sin comprometer los datos que se analizarán.

Otro factor importante a considerar es el caso de datos sensibles o confidenciales entre los datos que se están organizando, integrando y analizando que deben tener garantizada su seguridad y privacidad. El ciclo debe implementar niveles de seguridad, confidencialidad y gobernanza que sean adecuados para los datos y el negocio

Nótese que todo este trabajo, toda esta inversión, tiene como objetivo la etapa en la que se deciden y ejecutan las acciones.

La nueva arquitectura libre de recursos compartidos puede adaptar el inmenso volumen, la variedad y la velocidad que requiere el big data mediante la distribución del trabajo entre decenas, cientos o miles de servidores básicos que procesan datos en paralelo.

La arquitectura sin recursos compartidos es posible gracias a la convergencia de los avances en hardware, gestión de datos y tecnologías de aplicaciones analíticas.

Inicialmente implementado por grandes proyectos de investigación comunitaria como SETI@home y servicios en línea como Google y Amazon, cada nodo es independiente y sin estado, por lo que la arquitectura sin recursos compartidos se escala fácilmente, simplemente agregando otro nodo, lo que permite que los sistemas manejen cargas de procesamiento cada vez mayores.

La arquitectura sin recursos compartidos es posible gracias a la convergencia de los avances en hardware, gestión de datos y tecnologías de aplicaciones analíticas.

El procesamiento se inserta en los nodos donde residen los datos. Esto es completamente diferente del enfoque tradicional, que busca datos para su procesamiento en un punto central. Por último, los datos deben reintegrarse para ofrecer resultados significativos.

Los marcos de software de procesamiento distribuido hacen que la red informática funcione mediante la gestión y el envío de datos entre máquinas, el envío de instrucciones a los servidores de red en paralelo, la recopilación de resultados individuales y el reensamblaje para obtener el resultado final.

Podemos citar como ejemplo el caso en el que Mercado Libre recomienda artículos de acuerdo a los criterios informados por el cliente del sitio. Para recomendar un equipo de audio o un teclado, se basa en compras anteriores, las opiniones proporcionadas por compradores anteriores del mismo artículo e incluso las quejas que ocurrieron en compras anteriores.

Todo esto aumenta la confianza del consumidor en el sitio web y en el producto indicado, pero es extremadamente laborioso y debe estar muy bien estructurado para no causar efectos opuestos a los deseados.

Para sostener eficientemente este ciclo, es necesario contar con los medios para cumplir con los requisitos funcionales y no funcionales, además de tener un tiempo de respuesta y un rendimiento adecuados.

En este punto, entran en nuestro análisis las características de la arquitectura que tiene el potencial de satisfacer las demandas de la empresa y del cliente. Será necesario diseñar una plataforma con capacidad de almacenamiento y procesamiento que tenga velocidad computacional para el análisis en tiempo real de manera simultánea por un número imprevisto de usuarios.

Al mismo tiempo que los gerentes recuperan información para sus estrategias y planificaciones, por otro lado, los consumidores realizan numerosos análisis y realizan sus compras, confiando en que sus datos se procesarán de manera segura y rápida.

Todo esto involucrando grandes volúmenes de datos y usuarios.

La arquitectura también debe tener una buena cantidad de redundancia, copias de seguridad, controles históricos y duplicación de procesadores y bases de datos. Las características de la empresa y su mercado son determinantes de esta arquitectura y deben ser consideradas a la hora de responder preguntas importantes como:

- El volumen de datos que la empresa necesita gestionar hoy y en el futuro.

- ¿Con qué frecuencia tendrá que gestionar la empresa los datos en tiempo real o casi en tiempo real?

- ¿Los tipos y la cantidad de riesgos que puede asumir la empresa?

- Las normas y protocolos de seguridad y/o privacidad a los que está sujeto el sector de actuación de la empresa.

- La velocidad con la que se espera que se produzcan los resultados.

- El margen de error aceptable en los procesos.

Cada componente de la arquitectura Big Data tiene una importancia definida y esencial, ya que aporta al conjunto una serie de servicios que permiten a las empresas incorporar de forma rápida y eficaz las particularidades de cada fuente de datos.

Tenga en cuenta que a ambos lados del diagrama hay interfaces de datos con un flujo de datos y comandos de software administrados internamente por el proveedor de aplicaciones de Big Data.

Es fundamental que la estructura de seguridad y privacidad sea eficiente, resistente a fallos, con gran recuperación de errores y que tengan la escalabilidad para mantenerse al día con el crecimiento del Big Data y sus usuarios. De lo contrario, el Big Data pierde gran parte de su fiabilidad y, en consecuencia, pierde su razón de ser.

Se recomienda que la infraestructura física se base en un modelo de computación distribuida con los servidores físicamente almacenados en muchas ubicaciones diferentes con enlaces a través de redes, utilizando un sistema de archivos distribuido y varias herramientas y aplicaciones analíticas de big data.

La redundancia es un factor preponderante, ya que la empresa se encontrará en un escenario de gran cantidad de datos de diferentes fuentes, con una gran variedad de tipos de datos y características semánticas y sintácticas.

Esta redundancia debe pensarse en varios niveles y con varios objetivos. Por ejemplo, en caso de que la empresa haya implementado o se haya adherido a una nube privada, se recomendará que también se implemente la redundancia dentro del entorno privado, con el tamaño adecuado para soportar las cargas de trabajo en constante cambio.

Por otro lado, si la empresa quiere tener un control estricto sobre el crecimiento interno de TI, puede complementar los recursos internos contratando servicios externos en la nube.

El software como servicio (SaaS) es un modelo ampliamente utilizado en el mercado actual, que ofrece a los usuarios acceso al software de forma remota, eliminando la necesidad de instalación y mantenimiento local. Este enfoque aporta varias ventajas a las empresas, facilitando la ejecución de tareas complejas y proyectos de análisis sofisticados, al tiempo que reduce los costes de inversión.

Una de las principales ventajas del SaaS es la redundancia. Dado que el almacenamiento y el procesamiento de datos se llevan a cabo en los servidores del proveedor de software, las empresas no tienen que preocuparse por mantener su propia infraestructura. Esto significa que incluso en caso de fallos del servidor o problemas técnicos, los datos y las aplicaciones siguen siendo accesibles y funcionales, lo que garantiza la continuidad de las operaciones de la empresa.

Además, el modelo SaaS permite una puesta en marcha más inmediata. En lugar de dedicar tiempo y recursos a instalar y configurar software localmente, las empresas pueden simplemente suscribirse a un servicio SaaS y empezar a utilizar el software de inmediato. Esto acelera el proceso de implementación y hace posible que las empresas comiencen sus proyectos más rápido.

Otra ventaja del SaaS es la reducción de costes. Al optar por un servicio SaaS, las empresas eliminan la necesidad de comprar licencias de software, lo que puede tener un costo significativo. Además, el coste de mantenimiento y actualización del software corre a cargo del proveedor, y no es necesario invertir en infraestructura ni contratar equipos especializados para tal fin. Esto se traduce en un ahorro de recursos financieros y humanos.

La formación de los equipos también se ve facilitada por el modelo SaaS. Dado que el software está disponible de forma remota, los usuarios pueden acceder a él desde cualquier lugar y en cualquier momento, siempre que tengan una conexión a Internet. Esto proporciona una mayor flexibilidad en el trabajo y facilita la colaboración entre equipos que están dispersos geográficamente.

Además, el proveedor de SaaS suele ofrecer soporte técnico y formación para ayudar a los usuarios a utilizar el software, asegurándose de que todo el mundo esté formado y aproveche al máximo las funciones disponibles.

Otros puntos que merecen una gran preocupación son la seguridad y la privacidad de los datos. Tomemos el ejemplo de la empresa que opera en el campo de la concesión de préstamos y financiación inmobiliaria.

Ciertamente, el uso del Big Data será para capturar información sobre el comportamiento de consumo, datos demográficos calificados y el endeudamiento de la población. Por supuesto, estos datos están protegidos por las leyes de privacidad y será necesario registrar el permiso y las condiciones de uso de estos datos y en qué condiciones se puede hacer.

Como consecuencia, será necesario contar con un buen control de identidad y un control de acceso a los datos eficiente para cumplir con los requisitos legales y proteger la privacidad de los clientes.

Tenga en cuenta, entonces, la seguridad de acceso y la privacidad de los datos. Este es un factor a tener muy en cuenta a lo largo del proyecto de Big Data.

A la hora de proponer y planificar el Big Data, el equipo del proyecto no puede dejarse llevar por las promesas de las ventajas de la plataforma. Son muchos los problemas y retos tecnológicos a los que hay que hacer frente. Uno de los principales es la compatibilidad entre diferentes fuentes de datos.

Las fuentes de datos que viajan por Internet tienden a originarse en bases de datos altamente estructuradas y administradas en un modelo relacional. Sin embargo, hay un gran número de fuentes de datos importantes que no tienen la misma responsabilidad en la estructuración de los datos o que están más centradas en la velocidad de transmisión.

Es común encontrar en las fuentes de datos que maneja el Big Data datos más operativos y controladores que los datos que componen información útil. También es común encontrar fuentes inundadas de datos de redes sociales o grupos focales que no son de interés para tu negocio.

La gestión de datos en el universo de Big Data es compleja, incluyendo arquitecturas de bases de datos de documentos, gráficos, columnas e información geoespacial. Este conjunto de orígenes de datos se denomina NoSQL o Non-SQL.

Por lo tanto, para tener resultados útiles, es necesario estructurar arquitecturas de datos para manejar los diversos tipos de transacciones posibles. Esto permitirá encontrar los datos correctos que estén disponibles cuando se necesiten.

Las arquitecturas de datos deben proporcionar datos de fuentes complejas no estructuradas, incluyendo bases de datos relacionales y no relacionales y sistemas de gestión de contenidos, generando fuentes de datos operativas para ser utilizadas en la aplicación de Big Data en su empresa.

Todas estas fuentes de datos operativos tienen en común:

- Proporcione datos críticos para el funcionamiento diario y en tiempo real del negocio de la empresa.

- Actualícese sin problemas de acuerdo con las transacciones que ocurren en las unidades de negocio y en la web a lo largo del tiempo.

- Combine datos estructurados y no estructurados.

Los sistemas que gestionan estos datos también deben ser escalables para soportar el crecimiento constante de miles de usuarios con calidad, rapidez y veracidad.

Ejemplos de estos sistemas de gestión de datos operativos se encuentran en los sistemas de comercio electrónico transaccional, la mensajería del centro de llamadas *y los sistemas de gestión de relaciones con los clientes.*[1]

La arquitectura de datos también debe contemplar las necesidades específicas de las grandes operaciones en las empresas. Tomemos como ejemplo una empresa de investigación petrolera que tiene un algoritmo para determinar la seguridad de la perforación en alta mar considerando datos en tiempo real sobre la temperatura del agua, la temperatura del aire, las posibilidades de lluvia, la salinidad del agua, las olas en la superficie del agua y una serie de otras propiedades

---

[1] Un Call Center se encarga de la relación con el cliente, en llamadas entrantes, activas o híbridas, que realiza algunas tareas importantes como encuestas de satisfacción, orientación, venta de productos y soporte técnico (Helpdesk).

biológicas. de la columna de agua que debe ser superada por el taladro.

En este ejemplo, además de una gran cantidad de datos que deben tenerse en cuenta para emitir una opinión sobre la seguridad de la perforación en el sitio, en el momento y en las condiciones monitoreadas, la información debe ser el resultado de un procesamiento muy rápido porque el tiempo aquí es un factor determinante para la perforación.

Con el procesamiento tradicional, la información puede tardar días, mientras que en un enfoque de Big Data, puede tardar solo unos minutos. En casos como este, la criticidad de la información deseada es decisiva en el diseño de la arquitectura.

En las aplicaciones de comercio, en cambio, el reto no está tanto en relación con el tiempo, sino con el conjunto de datos a tener en cuenta. El seguimiento de lo que se publica en las redes sociales, que tiene como objetivo aumentar las ventas, no es una consulta típica en una base de datos relacional estructurada.

En este caso, una base de datos de grafos puede ser una opción más adecuada, ya que está diseñada específicamente para separar los "nodos" o entidades de sus "propiedades" o la información que define esa entidad, y el "borde" o relación entre nodos y propiedades. Es bien sabido que las bases de datos de gráficos se utilizan más comúnmente en aplicaciones técnicas y científicas, pero pueden ser justo lo que una empresa comercial necesita para abordar sus problemas.

Diseñar una arquitectura de Big Data con la base de datos más adecuada para la aplicación mejora en gran medida el rendimiento del procesamiento.

Otros enfoques del gestor de bases de datos utilizan estructuras de datos en columnas que almacenan información en columnas en lugar de filas, como en las bases de datos relacionales. Este enfoque mejora el rendimiento más rápido porque sus procesos de entrada/salida son mucho más rápidos que los de las estructuras convencionales.

En los casos en que el almacenamiento de datos geográficos es una opción para el problema de la empresa, se utiliza una base de datos espacial, ya que está optimizada para almacenar, recuperar y realizar consultas complejas sobre la relación de los objetos en el espacio.

Otro factor importante a tener en cuenta a la hora de diseñar la arquitectura de Big Data es la creciente cantidad de datos procedentes de fuentes que no proceden de la interacción humana. Son datos generados por máquinas, satélites, intérpretes de imágenes o sensores.

3 Big Data en capas.

La complejidad del Big Data dicta que su arquitectura se diseñe en un modelo que nos dé la visión del conjunto. Sin este modelo, es imposible entender cómo se reúnen sus elementos en su instalación.

A pesar del tiempo, el costo y el personal requerido para que este modelo sea propuesto y aprobado de acuerdo con las necesidades de su empresa, sin duda ahorrará muchas horas de desarrollo y muchos problemas durante las implementaciones posteriores (Halper et al., 2013). Es necesario pensar en el Big Data como una estrategia, no como un proyecto.

Los buenos principios de diseño son esenciales cuando se propone un entorno para aplicaciones de almacenamiento, análisis, informes o big data. La arquitectura debe tener en cuenta el hardware, el software de infraestructura, el software operativo, el software de gestión, las interfaces de programación de aplicaciones (API) e incluso las herramientas de desarrollo de software.

La arquitectura debe ser capaz de cumplir con los requisitos de:

- Capturar.

- Integración.

- Organización.

- Análisis.

- Compartir.

Esta vista se puede utilizar como marco de referencia para cumplir con los requisitos funcionales y no funcionales de los proyectos de Big Data.

La visión por capas es integral, pero permite a la empresa centrarse en ciertos aspectos según el problema concreto a resolver.

Sin embargo, es importante que se entiendan todas las capas para que la arquitectura esté preparada para el futuro.

3.1   Interfaces y alimentaciones hacia/desde Internet.

Las interfaces que proporcionan acceso bidireccional a todos los componentes de las capas de Big Data se organizan en esta estructura periférica e incluyen desde aplicaciones empresariales hasta fuentes de datos de Internet. Una parte importante del diseño de estas interfaces es la creación de un marco sólido que esté libre de errores y se pueda compartir tanto dentro como fuera de la empresa.

Los desarrolladores siempre han utilizado *las interfaces de programación de aplicaciones* (API) para proporcionar acceso "a" y "desde" las implementaciones de software. Los proveedores de herramientas y tecnología se dedican a hacer lo imposible para garantizar que la creación de aplicaciones sea una tarea relativamente sencilla con sus productos.

Las API deben estar bien documentadas y mantenerse intactas para preservar su valor para el negocio de la empresa. Por esta razón, algunas empresas optan por utilizar kits de herramientas de API que tienen algunas ventajas sobre las API desarrolladas internamente:

- Los kits de herramientas de API son productos creados, administrados y mantenidos por terceros independientes.

- Los kits están diseñados para resolver un requisito técnico específico. Por lo tanto, si su empresa necesita API para aplicaciones web o aplicaciones móviles, existen varias alternativas para comenzar.

Los desafíos que plantea el Big Data requieren un enfoque ligeramente diferente para el desarrollo o la adopción de API. Debido a que gran parte de los datos no están estructurados y se generan fuera del control de su negocio, una nueva técnica, llamada Procesamiento del Lenguaje Natural (NLP), está emergiendo como el método preferido para interconectar Big Data con programas de aplicación.

NLP le permite formular consultas con sintaxis de lenguaje natural en lugar de un lenguaje de consulta formal como SQL. Para la mayoría de los usuarios de Big Data, es mucho más fácil preguntar "Enumere todas las pacientes solteras de entre 20 y 35 años que residan en el sur de Brasil y sean fanáticas del Palmeiras" que escribir una consulta SQL de 20 líneas para obtener el resultado.

Dado que la mayoría de la recopilación y el movimiento de datos tienen características muy similares, puede diseñar un conjunto de servicios para recopilar, limpiar, transformar, normalizar y almacenar elementos de macrodatos en el sistema de almacenamiento que elija su equipo.

3.2 Capa 1 – Infraestructura de redundancia física.

La primera capa, en el nivel más bajo de la jerarquía, es la infraestructura física: el hardware, la red, etc. A la hora de pensar en implementar Big Data en una empresa que ya cuenta con un centro de datos y ya ha realizado inversiones en infraestructura física, descartar los recursos ya adquiridos no es una opción. La empresa debe tratar de encontrar una manera de utilizar los activos existentes.

Las implementaciones de Big Data se basan en requisitos muy específicos en todos los elementos de la arquitectura de referencia, por lo que deberá examinar esos requisitos, capa por capa, para asegurarse de que su implementación se ejecutará y escalará de acuerdo con las demandas del negocio de la empresa.

A medida que comienzas a pensar en implementar Big Data, es importante contar con algunos principios generales. Una lista priorizada de estos principios debe incluir declaraciones sobre lo siguiente:

- Disponibilidad. ¿Su empresa necesita una garantía de tiempo de actividad del servicio del 100%? ¿Cuánto tiempo puedo esperar en caso de una interrupción o falla del servicio? Este tema debe considerarse con mucho cuidado, porque la infraestructura de alta disponibilidad es muy costosa.

- Rendimiento. Para este principio, es necesario analizar qué tan receptivo necesita su empresa que sea el sistema. El rendimiento, también llamado latencia, generalmente se mide de un extremo a otro, en función de una sola transacción o solicitud de consulta. Las infraestructuras muy rápidas (alto rendimiento, baja latencia) suelen ser muy caras.

- Escalabilidad. En este principio, la cuestión es el tamaño de la infraestructura. ¿Cuánto espacio en disco se necesita hoy y en el futuro? ¿Cuánta potencia de cálculo necesita su empresa? Por lo general, es necesario decidir qué se necesita inicialmente y agregar un poco más de escala para los desafíos inesperados.

- Costar. Debido a que la infraestructura es un conjunto de componentes, su empresa puede comprar la "mejor" red y decidir ahorrar dinero en almacenamiento, o viceversa. A continuación, es necesario establecer los requisitos para cada una de estas áreas en el contexto de un presupuesto general y, a continuación, hacer concesiones cuando sea necesario.

- Flexibilidad. La pregunta que debe responderse aquí es qué tan rápido su empresa puede agregar más recursos a la infraestructura. ¿Con qué rapidez puede recuperarse su infraestructura de los errores? Las infraestructuras más flexibles pueden ser costosas, pero es posible controlar los costos con servicios en la nube, donde el costo se refiere solo a lo que realmente se utiliza.

Debido a que Big Data está estructurado básicamente en torno a alta velocidad, alto volumen y amplia variedad de datos, la infraestructura física determinará el éxito de su implementación. La mayoría de las implementaciones de big data deben tener una alta disponibilidad, por lo que las redes, los servidores y el almacenamiento físico deben ser resistentes y redundantes.

La resiliencia y la redundancia están interrelacionadas. Una infraestructura es resistente a fallos o cambios cuando hay suficientes recursos redundantes disponibles y listos para ser activados cuando sea necesario. Sin embargo, no faltan razones por las que incluso la red más sofisticada y resistente puede fallar. Siempre puede ocurrir un mal funcionamiento del hardware. La redundancia garantiza que un mal funcionamiento de este tipo no provoque una interrupción.

La resiliencia ayuda a eliminar los puntos focales de falla en la infraestructura. Por ejemplo, si solo hay una conexión de red entre su empresa e Internet, no habrá redundancia de red y la infraestructura no será resistente a una interrupción de la red debido a la dependencia del punto de conexión.

En los grandes centros de datos, donde existe un requisito de continuidad del negocio, la mayor parte de la redundancia está en su lugar y se puede aprovechar para crear un entorno de big data. En las nuevas implementaciones, los diseñadores tienen la responsabilidad de maximizar los recursos financieros en relación con las necesidades de rendimiento.

A medida que se ofrecen más plataformas basadas en la nube a las empresas, la preocupación por los fallos de la infraestructura de hardware suele recaer en los proveedores de servicios.

En estos casos, la complejidad técnica y operativa se distribuye entre una colección de servicios, cada uno con términos específicos de rendimiento, disponibilidad, recuperación, etc. Estos términos se describen en los acuerdos de nivel de servicio, SLA[2], y generalmente se negocian entre el proveedor de servicios y el cliente, con penalizaciones por incumplimiento.

Se recomienda, en arquitecturas de Big Data, que las redes sean redundantes y que tengan la capacidad suficiente para atender el volumen y la velocidad esperada de entrada y salida de datos, además del tráfico de red "normal" que experimenta la empresa.

A medida que el big data se convierte en una parte permanente de la estrategia de gestión y procesamiento de datos de una empresa, es razonable esperar que el volumen y la velocidad crezcan.

También se recomienda estimar los aumentos en la infraestructura para que sea posible crear despliegues físicos que sean "elásticos". A medida que fluye el tráfico de red, también lo hace el conjunto de activos físicos asociados con la implementación. Un elemento que no debe pasarse por alto en la infraestructura es la provisión de recursos de monitoreo para que los operadores puedan reaccionar cuando se necesiten más recursos para manejar los cambios en las cargas de trabajo.

Tenga en cuenta que tener una red de alta velocidad con servidores lentos hace que el grupo sea casi inútil, ya que los servidores se convertirán en un cuello de botella a corto plazo. Por otro lado, un conjunto de servidores de computación y almacenamiento muy rápidos puede superar los límites de rendimiento variables de la red. Y claro, nada funcionará correctamente si el rendimiento de la red es malo o poco confiable.

---

[2] *Acuerdo de Nivel de Servicio* – SLA. El Acuerdo de Nivel de Servicio es un contrato firmado entre las partes involucradas en una negociación que determina cuáles son las responsabilidades de cada una en relación con los servicios contratados.

Otro requisito importante a tener en cuenta es la gestión de las operaciones de infraestructura, ya que los niveles más altos de rendimiento y flexibilidad solo estarán presentes en un entorno bien gestionado. Los administradores de los centros de datos deben ser capaces de anticipar y prevenir fallos catastróficos para que se mantenga la integridad de los datos y, por extensión, los procesos empresariales. Las empresas de TI a menudo descuidan esta gestión y, por lo tanto, invierten poco en esta área.

3.3 Capa 2 - Infraestructura de seguridad.

En esta capa tenemos pocas novedades, ya que los requisitos de seguridad y privacidad para el Big Data son similares a los requisitos para los entornos de datos convencionales. Como todo lo relacionado con el Big Data, los requisitos de seguridad deben estar alineados con las necesidades específicas del negocio.

El acceso de los usuarios al entorno de big data sin procesar o calculado tiene aproximadamente el mismo nivel de requisitos técnicos que las implementaciones que no son de big data. Cabe señalar que los datos solo deben estar disponibles para aquellos que tengan una necesidad comercial legítima de examinarlos o interactuar con ellos.

La mayoría de las plataformas centrales de almacenamiento de datos están protegidas por estrictos esquemas de seguridad y, a menudo, se amplían con capacidades de autenticación, lo que proporciona acceso personalizado a través de múltiples capas de la arquitectura.

El acceso a las aplicaciones, a su vez, es relativamente sencillo desde el punto de vista técnico. La mayoría de las interfaces de programación de aplicaciones (API) ofrecen protección contra el uso o el acceso no autorizados. Este nivel de protección es suficiente para la mayoría de las implementaciones de Big Data.

Cuando se trata de seguridad en el entorno de Big Data, el cifrado de datos es el aspecto más desafiante. En los entornos tradicionales, el cifrado y descifrado de datos realmente estresa los recursos de los sistemas y esto se eleva a la enésima potencia cuando se trata del volumen, la velocidad y las variedades asociadas al Big Data.

El enfoque más simple es proporcionar más y más capacidad computacional, pero como sabemos, esto tiene un precio muy alto, especialmente cuando se trata de acomodar los requisitos de resiliencia. Un enfoque más moderado podría ser centrarse en identificar los elementos de datos que requieren este nivel de seguridad y cifrar solo los elementos necesarios.

La inclusión de dispositivos móviles y redes sociales aumenta exponencialmente la cantidad de datos y las oportunidades de amenazas de seguridad. Es importante que las empresas adopten un enfoque de seguridad multiperímetro.

3.4   Capa 3 - Bases de datos operativas.

En todo Big Data hay un núcleo donde están los motores de bases de datos que contienen las colecciones de elementos de datos relevantes para el negocio de la empresa y deben ser rápidos, escalables y sólidos.

Sabemos que no hay diferencias entre productos, y ciertos entornos de big data funcionan mejor con un motor que con otro o incluso con una combinación de motores de bases de datos. Si bien es posible usar sistemas de administración de bases de datos relacionales (RDBMS) para implementaciones de big data, no es práctico hacerlo debido al rendimiento, la escala o incluso el costo.

Tenga la seguridad de que no hay una única opción con respecto a los administradores de bases de datos. Si bien SQL es el lenguaje de consulta de bases de datos más utilizado, existen otros lenguajes que pueden proporcionar una forma más efectiva o eficiente de resolver sus desafíos de big data.

Es útil pensar en los motores y lenguajes como herramientas en una "caja de herramientas del implementador". El trabajo de los equipos es elegir la herramienta adecuada. Para consultar un modelo relacional, lo normal es utilizar SQL. Sin embargo, es posible innovar y utilizar lenguajes alternativos como Python o Java.

Uno de los puntos clave a la hora de elegir un gestor de bases de datos consiste en comprender qué tipos de datos puede procesar el sistema y si es compatible con verdaderos escenarios transaccionales.

Cuando se trata de big data, es crucial garantizar la seguridad y confidencialidad de la información. En este contexto, un gestor de bases de datos debe ser capaz de procesar diferentes tipos de datos, como datos estructurados, semiestructurados y no estructurados.

Los datos estructurados son datos que siguen un formato rígido y bien definido, como la información almacenada en tablas en una base de datos relacional. Los datos semiestructurados, por otro lado, tienen cierto grado de flexibilidad en su estructura, generalmente organizados en formatos como XML o JSON. Por último, los datos no estructurados no siguen un formato definido, como archivos de texto, audio, vídeo, entre otros.

Un gestor de bases de datos para big data debe ser capaz de procesar y almacenar estos diferentes tipos de datos, garantizando que la empresa pueda extraer información valiosa de su enorme cantidad de información. Además, es importante tener en cuenta la capacidad de realizar operaciones transaccionales en tiempo real.

Las transacciones se refieren a operaciones que implican actualizar o modificar datos de forma coherente. En escenarios transaccionales, es crucial que el gestor de bases de datos pueda garantizar la integridad de los datos, incluso cuando se realizan varias operaciones simultáneamente. Esto significa que todas las actualizaciones deben realizarse correctamente, sin resultados intermedios incoherentes.

A la hora de elegir un gestor de bases de datos para big data, es fundamental evaluar si es capaz de manejar transacciones complejas manteniendo la coherencia de los datos y garantizando la fiabilidad del sistema. Esto es especialmente importante en aplicaciones críticas, donde los errores o inconsistencias pueden tener impactos significativos en los procesos y en el resultado final.

Los diseñadores de bases de datos describen este comportamiento con el acrónimo ACID, que significa:

- Atomicidad. Cuando es atómica, la transacción se considera "todo o nada". En el caso de que se produzca un error en cualquier parte de la transacción o en el sistema subyacente, se producirá un error en toda la transacción.

- Consistencia. Solo se realizarán en la base de datos las transacciones con datos válidos. Si los datos están dañados o son inadecuados, la transacción no se completará y los datos no se escribirán en la base de datos.

- Aislamiento. En este principio, se considera que las transacciones múltiples y simultáneas no interfieren entre sí. Todas las transacciones válidas se ejecutarán hasta que se completen y en el orden en que se enviaron para su procesamiento.

- Durabilidad. Cada vez que los datos de transacción se escriben en la base de datos, permanecen allí durante todo el tiempo que existe la base de datos.

Una vez que comprenda los requisitos comerciales de su empresa en términos de Big Data y qué datos se recopilarán, dónde se almacenarán y qué se hará con ellos, deberá organizarlos para que se puedan consumir en análisis, informes o aplicaciones específicas.

3.5   Capa 4 - Herramientas de gestión de bases de datos.

La capa de herramientas de gestión de datos desempeña un papel esencial en la captura, validación y organización de los elementos de Big Data en conjuntos relevantes. Dada la inmensa cantidad de datos involucrados en el Big Data, las técnicas utilizadas en esta capa han evolucionado para permitir un procesamiento eficiente y continuo de los datos.

Una técnica muy utilizada en esta capa es MapReduce. MapReduce es un modelo de programación y una técnica de procesamiento distribuido que permite procesar grandes volúmenes de datos en clústeres de ordenadores. Divide el procesamiento en dos pasos principales: mapeo (Map) y reducción (Reduce).

En el paso de asignación, los datos se dividen en fragmentos pequeños y se aplican funciones de asignación para transformar esos fragmentos en pares clave-valor. A continuación, estos pares se agrupan en función de su clave asociada. A continuación, en el paso de reducción, se ordenan las claves y se aplican funciones de reducción para combinar y resumir los datos con la misma clave. Este proceso distribuido y paralelo le permite procesar grandes volúmenes de datos de forma rápida y eficiente.

Además de MapReduce, existen otras herramientas y técnicas utilizadas en la capa de gestión de bases de datos en el contexto de Big Data. Por ejemplo, Apache Hadoop es un marco ampliamente utilizado para el procesamiento distribuido de grandes volúmenes de datos. Incluye Hadoop Distributed File System (HDFS), que permite el almacenamiento distribuido de datos, y Apache Hive, que proporciona una interfaz de consulta similar a SQL para acceder y analizar datos.

Otra técnica común en esta capa es la indexación inversa, que se utiliza para acelerar la recuperación de información en grandes conjuntos de datos. La indexación inversa crea una estructura de índice que asigna términos o palabras clave a los documentos en los que aparecen, lo que permite una búsqueda más rápida y eficiente.

Además, las herramientas de gestión de bases de datos Big Data también pueden incluir técnicas de compresión de datos, que tienen como objetivo reducir el tamaño ocupado por los datos, ahorrando espacio de almacenamiento y aumentando la eficiencia del procesamiento.

Otra técnica importante es la replicación de datos, que consiste en almacenar copias de datos en diferentes servidores para garantizar la disponibilidad y la tolerancia a fallos. Esto es especialmente importante en el contexto de Big Data, donde la pérdida de datos o la interrupción en el acceso a ellos puede tener un impacto significativo en las operaciones de una organización.

Además de las técnicas mencionadas, existen varias herramientas disponibles en el mercado para la gestión de bases de datos en el contexto del Big Data. Por ejemplo, Apache Cassandra es una base de datos distribuida diseñada para alta disponibilidad y escalabilidad, lo que le permite almacenar grandes volúmenes de datos en varios nodos de manera eficiente.

Otra herramienta popular es MongoDB, una base de datos NoSQL que ofrece flexibilidad en el modelado de datos y soporte para grandes volúmenes de información.

También está Apache Spark, que es una plataforma de procesamiento de datos distribuida y escalable, capaz de realizar tareas complejas en grandes conjuntos de datos de forma rápida y eficiente.

Es importante tener en cuenta que la elección de las herramientas de gestión de bases de datos en el contexto del Big Data depende de las necesidades específicas de cada organización. Cada herramienta tiene sus características, ventajas y desventajas, y es fundamental evaluar cuidadosamente las opciones disponibles para seleccionar la que mejor se adapte a los requisitos de almacenamiento, procesamiento y recuperación de información de la empresa.

La organización de servicios de datos debe considerarse como un ecosistema de herramientas y tecnologías que se pueden utilizar para recopilar y ensamblar datos en preparación para su procesamiento posterior. Las herramientas deben proporcionar integración, traducción, normalización y escalabilidad.

Las tecnologías de esta capa incluyen:

3.5.1 Un sistema de archivos distribuido.

El sistema de archivos distribuido es esencial para acomodar la descomposición de los flujos de datos y proporcionar escala y capacidad de almacenamiento. Un ejemplo de un sistema de archivos distribuido es el sistema de archivos distribuido Apache Hadoop (HDFS).

HDFS es una parte clave del ecosistema Apache Hadoop y está diseñado para manejar grandes volúmenes de datos distribuidos en clústeres de computadoras. Permite que los datos se almacenen de forma distribuida en varios nodos del clúster, lo que ofrece escalabilidad y tolerancia a fallos.

Una de las principales características de HDFS es la división de datos en bloques, generalmente con un tamaño estándar de 128 megabytes. Estos bloques se replican en diferentes nodos del clúster para garantizar la disponibilidad y la recuperación de errores. De este modo, incluso si se produce un error en un nodo, los datos seguirán estando disponibles en otros nodos.

Además, HDFS permite que los datos se procesen en paralelo, distribuyendo las tareas de lectura y escritura entre los nodos del clúster. Esto proporciona un excelente rendimiento para operaciones de entrada/salida (E/S) a gran escala.

HDFS también admite la descomposición de flujos de datos, lo que permite que un gran conjunto de datos se divida en partes más pequeñas llamadas "divisiones". Cada división puede ser procesada por separado por diferentes nodos del clúster, lo que mejora la eficiencia y el equilibrio de carga.

Además, HDFS ofrece una interfaz de archivo tradicional, que permite a los usuarios acceder y administrar los datos almacenados en HDFS mediante comandos familiares como "ls", "cp" y "mv". Esto facilita la integración de las herramientas y aplicaciones existentes con HDFS.

3.5.2 Servicios de serialización.

Para el almacenamiento de datos persistente y la comunicación a través de llamadas a procedimientos remotos (RPC) en varios idiomas, se requieren servicios de serialización. La serialización se refiere al proceso de convertir datos a un formato adecuado para la transmisión o el almacenamiento, y luego reconstruirlos en su formato original. Esta capacidad es esencial para permitir que los datos se transfieran entre diferentes sistemas o lenguajes de programación.

Hay varias tecnologías y formatos de serialización disponibles, cada uno con sus propias características y ventajas únicas. Algunos ejemplos comunes incluyen:

1. JSON (JavaScript Object Notation): Se trata de un formato de texto ligero y ampliamente utilizado para representar datos estructurados. Es compatible con una variedad de lenguajes de programación y es fácil de leer y escribir. JSON se usa comúnmente en servicios web y en la comunicación de datos entre sistemas dispares.

2. XML (eXtensible Markup Language): es un lenguaje de marcado que permite representar datos de forma estructurada y jerárquica. XML se utiliza para el intercambio de datos entre

sistemas heterogéneos y también es compatible con varios lenguajes de programación.

3. Protocol Buffers: Desarrollado por Google, este formato de serialización es altamente eficiente y compacto en términos de tamaño de datos. Especifica la estructura de los datos mediante un archivo de definición y proporciona un conjunto de API para crear y leer esos datos en varios idiomas. Los búferes de protocolo se utilizan a menudo en sistemas que requieren alta velocidad y eficiencia de almacenamiento.

4. Thrift: Originalmente desarrollado por Facebook, Apache Thrift es un marco de software que permite definir y generar código para servicios de comunicación entre diferentes idiomas. Es compatible con múltiples lenguajes de programación y proporciona una capa de abstracción para manejar la comunicación de datos de manera eficiente.

Estos servicios de serialización son esenciales, ya que permiten la interoperabilidad entre diferentes sistemas y lenguajes de programación. Garantizan que los datos puedan almacenarse de forma persistente y también transmitirse de forma fiable a través de llamadas a procedimientos remotos, lo que garantiza la integridad y la coherencia de los datos durante el proceso de transmisión.

Además, la serialización también facilita el mantenimiento y la evolución de los sistemas, ya que permite que diferentes partes del sistema se comuniquen de manera eficiente, incluso si están implementadas en diferentes lenguajes o tecnologías.

Es importante destacar que la elección de la tecnología de serialización adecuada depende de las necesidades específicas del sistema y de los requisitos de rendimiento, tamaño de los datos y compatibilidad. Cada una de las tecnologías mencionadas tiene sus propias características y ventajas, y es importante evaluar estos factores a la hora de seleccionar la mejor opción para un proyecto en particular.

3.5.3 Servicios de coordinación.

Los servicios de coordinación desempeñan un papel crucial en la creación de aplicaciones distribuidas. Estos servicios se encargan de proporcionar funciones esenciales, como el bloqueo y la coordinación, para garantizar el funcionamiento eficiente y fiable de las aplicaciones que procesan grandes volúmenes de datos.

En un entorno de big data, las aplicaciones distribuidas se componen de varias partes, que se ejecutan en diferentes nodos o servidores, y necesitan trabajar juntas para procesar y analizar los datos. En este escenario, los servicios de coordinación se vuelven indispensables para garantizar una correcta sincronización entre los diferentes componentes del sistema.

Un ejemplo común de un servicio de coordinación es Apache ZooKeeper. ZooKeeper es un sistema altamente confiable y escalable diseñado específicamente para proporcionar servicios de coordinación en entornos distribuidos a gran escala. Ofrece funciones como el bloqueo distribuido, la elección de líderes, la notificación de eventos y el almacenamiento de configuración, que son clave para garantizar la coherencia y la coordinación en un entorno distribuido.

Mediante el uso de servicios de coordinación como ZooKeeper, las aplicaciones distribuidas en el contexto de Big Data pueden garantizar la exclusividad del acceso a los recursos compartidos. Por ejemplo, en un sistema de procesamiento paralelo, es posible que varias tareas necesiten acceder al mismo archivo de datos simultáneamente.

El servicio de coordinación, a través de una técnica llamada bloqueo distribuido, puede asegurar que solo una tarea tenga acceso exclusivo al archivo en un momento dado, evitando así conflictos y asegurando la integridad de los datos.

Además, los servicios de coordinación también desempeñan un papel importante en la resolución de problemas de coherencia en sistemas distribuidos. En un entorno en el que se mantienen varias copias de datos en diferentes nodos, es necesario asegurarse de que todas las copias estén actualizadas y sean coherentes.

El servicio de coordinación se puede utilizar para implementar mecanismos de sincronización y acuerdos entre los nodos del sistema, asegurando que todas las copias de los datos estén en un estado coherente.

3.5.4 Herramientas de extracción, transformación y carga (ETL).

Las herramientas de extracción, transformación y carga (ETL) desempeñan un papel clave en la carga, la conversión eficiente y la preparación adecuada de datos estructurados y no estructurados en Hadoop. Estas herramientas se encargan de recopilar, limpiar, transformar y cargar los datos en un formato adecuado para su posterior análisis y procesamiento.

ETL es un proceso esencial en el flujo de trabajo de Big Data, ya que permite integrar datos de múltiples fuentes en un entorno centralizado, como un clúster de Hadoop. El objetivo principal de las herramientas ETL es garantizar que los datos se transformen y preparen correctamente antes de cargarlos en Hadoop, lo que garantiza la calidad y la coherencia de los datos que se utilizarán más adelante.

Una de las herramientas ETL más populares en el ecosistema de Hadoop es Apache NiFi. NiFi ofrece un entorno visual de flujo de datos en el que los usuarios pueden diseñar y supervisar complejas tuberías de procesamiento de datos. Es capaz de manejar una variedad de tipos de datos, incluidos datos estructurados y no estructurados, y ofrece una amplia gama de capacidades para la manipulación, transformación y enrutamiento de datos.

Además de Apache NiFi, existen otras herramientas que son ampliamente utilizadas en el ecosistema de Hadoop para ETL, como Apache Sqoop y Apache Flume. Sqoop está diseñado específicamente para importar y exportar datos entre Hadoop y bases de datos relacionales, lo que facilita la integración de datos estructurados existentes en un entorno de Hadoop. Flume es un servicio de ingesta de datos en tiempo real que permite la captura, agrupación y entrega continuas de datos a Hadoop.

Estas herramientas ETL son fundamentales para permitir la carga, la conversión eficiente y la preparación adecuada de los datos en Hadoop. Garantizan que los datos se procesen y se conviertan en un formato adecuado para su posterior análisis, lo que contribuye significativamente a la calidad y la eficiencia de las soluciones de Big Data.

3.5.5 Servicios de flujo de trabajo.

Estos servicios habilitan un marco para sincronizar los elementos del proceso a través de las diversas capas del sistema. Los servicios de flujo de trabajo proporcionan una forma de automatizar y administrar la ejecución de tareas y procesos en un entorno distribuido. Le permiten definir y programar flujos de trabajo que consisten en una secuencia lógica de pasos y tareas que se realizarán en un orden específico.

Un ejemplo de un servicio de flujo de trabajo ampliamente utilizado es Apache Airflow. Airflow proporciona una plataforma flexible y escalable para programar, supervisar y gestionar flujos de trabajo complejos. Permite definir flujos de trabajo como código, utilizando un lenguaje específico para describir las dependencias entre tareas y sus relaciones temporales.

Estos servicios de flujo de trabajo son esenciales para el Big Data, ya que permiten la coordinación eficiente de los procesos que tienen lugar en las diferentes capas del sistema. Por ejemplo, en una canalización de procesamiento de datos, puede haber varias capas involucradas, como la extracción, la transformación, el análisis y la visualización.

Cada capa puede tener tareas y pasos específicos que dependen de los resultados de las capas anteriores. El servicio de flujo de trabajo se encarga de programar las tareas de cada capa y de asegurarse de que se ejecutan en el orden correcto sincronizando los elementos del proceso.

Además, los servicios de flujo de trabajo también ayudan a supervisar y recuperarse de los errores. Proporcionan funciones para realizar un seguimiento del progreso de las tareas, supervisar el rendimiento del flujo de trabajo y controlar los errores y excepciones que pueden producirse durante la ejecución. Estas características son importantes para garantizar la fiabilidad e integridad de los procesos de Big Data.

3.6   Nivel 5 - Almacenes de datos analíticos y data marts.

La estructura de DW y data marts ha sido, desde hace varias décadas, la principal técnica de optimización de datos para gestionar la toma de decisiones.

Normalmente, los almacenes de datos y los mercados contienen datos normalizados recopilados de una variedad de fuentes y ensamblados para facilitar el análisis empresarial. Los almacenes de datos y los data marts simplifican la creación de informes y la visualización de diversos elementos de datos (Kimball et al., 1998a, 1998b).

Se crean a partir de prácticamente cualquier arquitectura de almacenamiento, como bases de datos relacionales, bases de datos multidimensionales, archivos planos y bases de datos de objetos.

En entornos tradicionales, donde es posible que haya grandes brechas entre la recopilación de datos y el uso en análisis, o donde el rendimiento puede no ser la máxima prioridad, la elección de la plataforma tecnológica está impulsada por los requisitos de análisis, informes y visualización de datos de la empresa.

El problema con los almacenes de datos y los data marts es que normalmente se cargan en lotes, con un desfase de tiempo entre la recopilación y el procesamiento de los análisis. Esto ejerce presión sobre los flujos de datos de alta velocidad de Big Data y hace que el enfoque sea insuficiente para un "Big Data Warehouse". Esto no significa que la empresa no vaya a crear y/o alimentar un DW analítico o un data mart con procesos por lotes.

Con Big Data, tenemos algunas diferencias clave:

3.6.1 Flujos de datos tradicionales.

Los flujos de datos y las aplicaciones de transacciones tradicionales pueden generar una gran cantidad de datos dispares. Estos datos pueden variar significativamente en términos de formato, tipo y contenido. Esta diversidad de datos puede ser un desafío en el contexto del Big Data, ya que requiere la implementación de técnicas y estrategias adecuadas para lidiar con esta heterogeneidad.

Los flujos de datos de transacciones tradicionales se refieren a los datos generados en las transacciones comerciales cotidianas, como ventas, compras, registros financieros, pedidos de clientes y más. Estos datos suelen estar estructurados y organizados en un formato tabular, con filas y columnas bien definidas. Sin embargo, incluso dentro de este formato estructurado, puede haber variaciones en los atributos y tipos de datos registrados.

Las aplicaciones pueden producir datos dispares, incluidos registros de registro del servidor, datos de sensores, datos móviles, redes sociales y más. Estos datos pueden ser no estructurados, semiformateados o semisensoriales, lo que requiere un enfoque diferente para su procesamiento y análisis. Pueden estar en formatos como texto libre, imágenes, videos, transmisiones de eventos, feeds RSS, entre otros.

Lidiar con esta diversidad de datos es un reto en el contexto del Big Data. Sin embargo, existen técnicas y estrategias que se pueden emplear para abordar estos desafíos.

Algunos enfoques comunes incluyen:

1. Extracción y transformación de datos (ETL): Esta técnica consiste en extraer los datos de sus fuentes originales, transformar los datos en un formato común y estructurado y cargar esos datos en una ubicación centralizada para su posterior análisis y procesamiento.

2. Esquema en lectura: este enfoque permite que los datos se almacenen en su formato nativo, sin necesidad de definir un esquema rígido por adelantado. El esquema se aplica cuando se leen o consultan los datos, lo que permite flexibilidad y adaptación a diferentes estructuras y formatos.

3. Procesamiento distribuido: el uso de técnicas de procesamiento distribuido como MapReduce le permite manejar grandes volúmenes de datos dispares. Estas técnicas dividen el procesamiento en tareas más pequeñas, que se pueden realizar en paralelo en un grupo de computadoras. Esto permite procesar datos heterogéneos de forma eficiente y escalable, independientemente de su variedad de formatos y estructuras.

4. Herramientas de análisis de datos: Hay varias herramientas disponibles en el ecosistema de Big Data, como Apache Hadoop, Apache Spark y Elasticsearch, que están diseñadas para manejar datos dispares. Estas herramientas ofrecen capacidades avanzadas de análisis y procesamiento de datos, lo

que le permite explorar y extraer información útil de fuentes de datos heterogéneas.

5. Aprendizaje automático e inteligencia artificial: Los algoritmos de aprendizaje automático e inteligencia artificial tienen la capacidad de manejar datos dispares y realizar análisis avanzados, independientemente del formato y la estructura de los datos. Estos algoritmos se pueden entrenar para reconocer patrones, identificar correlaciones y hacer predicciones basadas en datos dispares, lo que proporciona información valiosa para la toma de decisiones.

3.6.2   Nuevas fuentes de datos

Con el avance de la tecnología y la aparición de nuevas plataformas y dispositivos, hemos observado una explosión de nuevas fuentes de datos. Estas fuentes incluyen datos de redes sociales, dispositivos IoT (Internet de las cosas), registros de transacciones, datos de sensores, datos de geolocalización, entre muchos otros.

Sin embargo, antes de que estas nuevas fuentes de datos puedan ser utilizadas de forma útil para el negocio, es necesario pasar por un proceso de manipulación y transformación. Esto se debe a que cada una de estas fuentes de datos puede tener diferentes estructuras, formatos y niveles de calidad. Además, los datos pueden estar incompletos, ser incoherentes o estar sujetos a ruido y errores.

Para hacer frente a este desafío, es necesario llevar a cabo etapas de preprocesamiento y manipulación de los datos antes de hacerlos oportunos y útiles para el negocio. Estos pasos pueden incluir:

1. Limpieza de datos.

La limpieza de datos es un proceso clave en el contexto de los macrodatos, ya que los conjuntos de datos suelen ser enormes y complejos. En estos conjuntos, los errores pueden surgir de diversas maneras, como entradas incorrectas, valores faltantes, formato incoherente o daños en los datos. Estos errores pueden dificultar el análisis de datos y sesgar los resultados.

Al eliminar errores y duplicaciones, la limpieza de datos ayuda a mejorar la precisión y la fiabilidad de los análisis realizados en estos conjuntos de datos. También contribuye a la integridad de los datos al garantizar que la información sea completa y coherente, libre de datos faltantes o inconsistentes.

Además, la detección de valores atípicos es importante en la limpieza de datos, ya que estos valores atípicos pueden sesgar los análisis estadísticos y comprometer la precisión de los resultados. La eliminación de valores atípicos garantiza que los análisis se basen en información coherente y representativa.

Para realizar la limpieza de datos de manera eficiente, es necesario utilizar técnicas y herramientas adecuadas. Esto incluye la aplicación de algoritmos de detección de errores, técnicas de deduplicación, análisis estadísticos para identificar valores atípicos y algoritmos de imputación de datos para manejar los valores faltantes.

2. Implica identificar y eliminar errores.

La limpieza de datos es un proceso esencial porque los conjuntos de datos utilizados en el contexto de los macrodatos son vastos y complejos. En estos conjuntos, es común tener errores, que pueden surgir de diferentes maneras, como inserciones incorrectas, valores faltantes, inconsistencias de formato o incluso corrupción de datos. Estos errores pueden dificultar el análisis de los datos y distorsionar los resultados obtenidos.

Al eliminar errores y datos duplicados, la limpieza de datos contribuye a mejorar la precisión y la fiabilidad de los análisis que se realizan en función de estos datos. Además, también promueve la integridad de los datos, asegurando que la información sea completa y coherente, sin la presencia de datos faltantes o inconsistentes.

Otro aspecto importante que se aborda en la identificación y eliminación de errores es la detección y eliminación de valores atípicos. Estos valores atípicos pueden afectar negativamente a los análisis estadísticos y comprometer la precisión de los resultados. Al eliminar los valores atípicos, puede estar seguro de que sus análisis se basan en información coherente y representativa.

Para identificar y eliminar errores de manera efectiva, es necesario utilizar técnicas y herramientas adecuadas. Esto incluye la aplicación de algoritmos de detección de errores, técnicas de deduplicación, análisis estadísticos para identificar valores atípicos y algoritmos de imputación de datos para tratar los valores faltantes.

3. Estandarización y estandarización.

La normalización implica transformar los datos en un formato uniforme, lo que incluye la conversión de diferentes formatos de fecha y hora. Los datos a menudo se recopilan de una variedad de fuentes y pueden venir en diferentes formatos para representar fechas y horas.

La normalización se encarga de este problema definiendo un estándar específico para representar esta información, de modo que todas las fechas y horas sean coherentes y se interpreten correctamente en el procesamiento posterior.

Otro aspecto que se aborda en la estandarización es la unificación de terminologías. Dependiendo del origen de los datos, es habitual encontrar variaciones en las terminologías utilizadas para describir los mismos conceptos. Estas discrepancias pueden dificultar la integración de datos y la realización de análisis comparativos.

La estandarización tiene como objetivo definir una terminología estandarizada, convirtiendo todas las variaciones existentes en una sola forma, asegurando así la consistencia y comparabilidad de los datos.

La estandarización es el proceso de transformar los datos en una escala común o representación conocida. Esto es útil cuando las cantidades de los datos están en diferentes escalas o unidades de medida. Al estandarizar los datos, tienen una distribución con una media de cero y una desviación estándar de uno, lo que los hace comparables y más apropiados para el análisis estadístico.

La normalización y la estandarización son pasos importantes para garantizar que los datos estén en un formato coherente y uniforme, lo que facilita el procesamiento, el análisis y la toma de decisiones. Estos pasos permiten integrar diferentes fuentes de datos de forma fiable, evitando inconsistencias y errores en los resultados obtenidos.

4. Integración de datos.

La integración de datos implica combinar datos procedentes de diversas fuentes, como bases de datos, sistemas de almacenamiento, aplicaciones e incluso datos de terceros. Cada una de estas fuentes puede tener sus propias estructuras de datos, formatos y esquemas, lo que hace que la integración sea un desafío complejo.

Reunir conjuntos de datos es clave para obtener una visión más holística e integrada del contexto en cuestión. Al combinar datos de diferentes fuentes, es posible identificar correlaciones, obtener información más profunda y tomar decisiones más informadas. La integración de datos también ayuda a evitar la redundancia y la incoherencia de los datos al proporcionar una única fuente de verdad.

Para llevar a cabo la integración de datos, es necesario aplicar técnicas y herramientas adecuadas. Esto puede implicar la identificación y el mapeo de las estructuras y formatos de datos de cada fuente, la definición de reglas y transformaciones para estandarizar los datos y garantizar la coherencia, y la implementación de procesos de extracción, transformación y carga (ETL) para mover y combinar datos de manera eficiente.

Además, es importante tener en cuenta la calidad de los datos durante el proceso de incorporación. Es necesario evaluar la fiabilidad, coherencia y precisión de los datos antes de realizar la integración para evitar la incorporación de información incorrecta o incoherente en el conjunto final de datos integrados.

5. Transformación de datos.

La transformación de datos permite ajustar los datos según las necesidades específicas del proyecto o análisis en cuestión.

Puede implicar la aplicación de reglas de negocio que definan cómo se deben manejar, filtrar, agrupar o combinar los datos. Estas reglas se pueden definir en función de requisitos específicos, objetivos de análisis o estándares establecidos por la organización.

Además, la transformación de datos puede incluir operaciones matemáticas o estadísticas para obtener nuevos conocimientos. Esto puede implicar cálculos de media, suma, desviación estándar, proporciones, entre otros. Estas operaciones le permiten crear métricas, indicadores y resúmenes que son útiles para el análisis posterior.

La transformación de datos también es útil para crear agregaciones y resúmenes que simplifiquen el análisis de datos a un nivel superior. Esto puede incluir la creación de tablas de resumen, gráficos o informes que presenten la información de una manera más consolidada y comprensible.

Para llevar a cabo la transformación de datos, se utilizan técnicas y herramientas adecuadas. Esto puede incluir el uso de lenguajes de programación, consultas a bases de datos, software de análisis de datos o incluso aplicaciones personalizadas desarrolladas para este fin.

6. Enriquecimiento de datos.

El enriquecimiento de datos permite complementar la información original con datos demográficos, información de terceros o datos históricos, entre otras fuentes relevantes. Al agregar esta información adicional, es posible obtener una visión más completa y exhaustiva de los datos.

Por ejemplo, al enriquecer un conjunto de datos con datos demográficos, es posible asociar información como edad, sexo, ingresos, ubicación geográfica, entre otros. Esto puede ser útil para segmentar los datos y proporcionar información más precisa sobre ciertos grupos o áreas específicas.

El enriquecimiento de datos también puede incluir la incorporación de información de terceros, como datos de mercado, información del consumidor o datos de tendencias del sector. Estos datos externos pueden proporcionar contexto adicional e información valiosa para un análisis posterior.

Otra forma de enriquecimiento de datos es a través de la incorporación de datos históricos. Estos datos se pueden utilizar para identificar patrones, tendencias o análisis comparativos a lo largo del tiempo. Con la inclusión de datos históricos, es posible evaluar el rendimiento pasado, predecir posibles escenarios futuros y tomar decisiones basadas en un análisis más amplio del historial disponible.

Para realizar el enriquecimiento de datos, debe acceder e integrar las fuentes de datos externas relevantes. Esto puede implicar consultas a API, acceso a bases de datos externas o adquisición de datos de terceros. Una vez que se obtienen estos datos adicionales, se integran a los datos existentes, agregando valor y mejorando la calidad del análisis y los insights generados.

La automatización de estas tareas de manipulación de datos puede verse facilitada por herramientas ETL (Extraer, Transformar, Cargar) o plataformas de integración de datos. Estas herramientas le permiten automatizar los procesos de limpieza, transformación y enriquecimiento de datos, lo que reduce el tiempo y el esfuerzo necesarios para preparar los datos para el análisis.

Cabe mencionar que el preprocesamiento de datos es un paso fundamental en el pipeline de datos, ya que asegura la calidad y confiabilidad de la información utilizada para la toma de decisiones estratégicas. Por lo tanto, invertir en técnicas y herramientas de manipulación de datos es esencial para extraer el máximo valor de las fuentes de datos disponibles.

Además, es importante mencionar que la seguridad y privacidad de los datos también deben tenerse en cuenta durante el proceso de tratamiento de datos. Es fundamental garantizar el cumplimiento de la normativa de protección de datos, como el RGPD (Reglamento General de Protección de Datos), y adoptar buenas prácticas para proteger la información de accesos no autorizados.

Históricamente, el contenido de los almacenes de datos y los data marts se organizaba y entregaba a los líderes empresariales responsables de la estrategia y la planificación. Con el Big Data, tenemos un nuevo conjunto de equipos que utilizan los datos para la toma de decisiones.

Muchas implementaciones de Big Data proporcionan capacidades en tiempo real, por lo que las empresas deben ser capaces de entregar contenido para permitir que las personas con funciones operativas resuelvan problemas como la atención al cliente, las oportunidades de ventas y las interrupciones del servicio casi en tiempo real. De esta manera, el Big Data ayuda en la transición del *back office* al front office.

3.7   Nivel 6 – Análisis de Big Data y Nivel 7 – Informes y visualizaciones.

La complejidad de la relación entre datos estructurados y no estructurados, una característica llamativa del Big Data, implica el desarrollo de nuevas herramientas para la generación de informes y visualizaciones.

Presentamos tres clases de herramientas, en esta capa de nuestra arquitectura de referencia, que pueden ser utilizadas de forma independiente o colectiva por los responsables de la toma de decisiones para ayudar a guiar el negocio.

Las tres clases de herramientas son:

1. Informes y cuadros de mando.

   Esta clase de herramientas se caracteriza por la representación *fácil* de usar de la información que se origina en diversas fuentes.

   Aunque esta clase de herramientas es una categoría fundamental en el mundo de los datos tradicionales, todavía es un área en evolución en el contexto del Big Data.

2. Visualización.

   La extracción mediante herramientas de visualización tiende a ser muy interactiva y dinámica, ya que la distinción principal entre los informes y la salida visualizada es la animación.

   Los usuarios empresariales de la empresa tienen la oportunidad de visualizar los cambios en los datos utilizando una variedad de técnicas de visualización diferentes, incluidos mapas mentales, mapas de calor, infografías y diagramas de conexión.

   Lo normal en los proyectos de Big Data es tener los informes y la visualización al final del proyecto y, aunque los datos se pueden importar a otra herramienta para su posterior cálculo o examen, este es en realidad el paso final.

3. Analítica avanzada.

   Esta clase de herramientas clasifica a aquellos que acceden a la base de datos, procesan los datos y presentan visualizaciones que explican tendencias o eventos que son transformadores, únicos o revolucionarios para la práctica comercial existente de la empresa.

   El análisis predictivo es un buen ejemplo de esta práctica.

3.8   Capa 8 – Aplicaciones de Big Data.

Es importante tener en cuenta que existen métodos alternativos para compartir y examinar fuentes de Big Data disponibles en aplicaciones personalizadas y ofrecidos por terceros. Si bien todas las capas de arquitectura de referencia tienen su importancia en el contexto general de la arquitectura, esta capa es donde tenemos la mayor parte de la innovación y la creatividad.

Hay una horizontalidad en las aplicaciones porque se ocupan de problemas comunes a todos los sectores y una verticalidad porque tienen la posibilidad de contribuir a la solución de problemas específicos de un sector.

Las herramientas más utilizadas en esta clase hoy en día son las aplicaciones de datos de registro (Splunk, Loggly), las aplicaciones de publicidad/medios (Bluefin, DataXu) y las aplicaciones de marketing (Bloomreach, Myrrix).

Al igual que con cualquier iniciativa de desarrollo de aplicaciones personalizadas, la creación de aplicaciones para arquitecturas de Big Data requerirá parámetros, estándares, definición de requisitos funcionales y no funcionales y API bien definidas.

Uno de los principales retos a los que se enfrentan las aplicaciones empresariales es que necesitan suscribirse a las API que operan en el bus de arquitectura general. Date cuenta entonces de que la idea de las aplicaciones personalizadas crea un tipo diferente de presión sobre la implementación de Big Data.

El Big Data se mueve rápidamente y cambia en un abrir y cerrar de ojos, por lo que los equipos de desarrollo de software deben ser capaces de crear aplicaciones que sean adecuadas para resolver los retos empresariales en cada momento concreto.

Se espera que el usuario evolucione junto con el Big Data y sea capaz de construir sus aplicaciones a partir de un menú de componentes. Para ello, será necesario contar con una estructura variada, mucha estandarización, y que los desarrolladores de software creen entornos de desarrollo adaptados a la rápida implementación de aplicaciones de Big Data.

4 Comparación de estándares de almacenamiento de Big Data.

A lo largo de los años, como ya se ha comentado en este libro, los estándares de almacenamiento han cambiado drásticamente en relación con el procesamiento de datos. Hoy en día existen varios conceptos que se ocupan de la persistencia y organización de datos que están muy cerca unos de otros, pero con los que tienen sutiles diferencias.

La plataforma de Big Data debe utilizar patrones relevantes de forma eficaz para sacar el máximo partido a los datos.

4.1 Lago de datos.

La aparición del concepto de Data Lake es bastante nueva. Dixon (2010) se refirió por primera vez al concepto como una gran masa de agua en su estado natural. La alusión a un lago de agua busca crear la imagen de un lago de datos. Los lagos de datos pueden contener datos sin procesar sin ningún tipo de procesamiento y necesitan un procesamiento adicional para que sean útiles.

Una analogía útil para entender el Data Lake es el proceso de captura y tratamiento del agua. Para que el agua llegue tratada a nuestros hogares, es necesario captarla en diversos ríos, arroyos y manantiales, ya que suele almacenarse en una presa o azud en estado bruto no apto para el consumo.

Poco después de la recolección, pasa a las plantas de tratamiento, donde se lleva a cabo el proceso de limpieza, para luego ser distribuida.

En el mundo de los datos, el proceso es el mismo. Es necesario capturar los datos en cualquier formato, de numerosas fuentes, en el estado bruto en el que se encuentran y luego almacenarlos en un repositorio.

El continuo crecimiento de la capacidad de procesamiento informático ha hecho posible que las empresas puedan crear sus repositorios para luego ser utilizados, o no, por ellas. Se toman datos brutos extraídos de sistemas internos, redes sociales, fuentes externas, en cualquier formato, de forma continua y en una única ubicación. Una única base de datos. ¡Esto es lo que llamamos un lago de datos!

El lago de datos puede contener datos estructurados, semiestructurados y no estructurados de recursos internos y externos. Puede generar resultados combinando todos estos tipos de datos. En el caso de los datos semiestructurados y no estructurados, el análisis o la definición del esquema de las bases de datos de destino puede retrasarse hasta que se lean los datos.

Diferentes partes interesadas pueden extraer datos de la misma fuente de datos de diversas maneras. Sin embargo, esto tiene un costo en términos de procesamiento y transferencia de conocimientos. La extracción de datos puede convertirse en una carga si se hace más de una vez. Por lo tanto, puede ser una buena idea hacer el cálculo una vez y guardar los datos estructurados una vez que se lean los datos.

Dado que el lago de datos puede contener orígenes de datos fuera de la empresa, es posible que no sea una buena área para los analistas. El conocimiento del dominio en Data Lakes puede ser casi inexistente. Es posible que tenga que extraer los metadatos de los propios datos. Sin embargo, puede ser un buen sandbox para los científicos de datos y otras partes interesadas. Creo que es beneficioso documentar la información de los metadatos una vez que los datos se han investigado para su uso futuro.

El lago de datos puede servir como fuente para otro almacenamiento de big data, como almacenes de datos y data marts. Una vez que se limpian los datos, se pueden mover del lago de datos a un almacenamiento más controlado.

Propiedades: El Data Lake se caracteriza por su capacidad para almacenar grandes volúmenes de datos brutos y sin procesar, procedentes de diversas fuentes, tanto internas como externas a la organización.

Uso: Su objetivo principal es servir como repositorio centralizado de todos los datos de la empresa, independientemente de su formato o estructura. Estos datos se pueden utilizar para el análisis de big data, el aprendizaje automático y el descubrimiento de información profunda, lo que permite a las empresas identificar patrones y tendencias que pueden no ser evidentes en los análisis más tradicionales.

Origen de datos: Los lagos de datos abarcan una amplia variedad de fuentes de datos, incluidos sistemas internos, sistemas externos, datos estructurados y no estructurados. Esta flexibilidad le permite capturar información de una variedad de fuentes, como bases de datos, sensores, redes sociales y documentos.

Tipos de datos: los datos almacenados en un lago de datos pueden ser no estructurados (como texto, imágenes, vídeos) o semiestructurados (como archivos JSON o XML). Esta diversidad de formatos hace que el Data Lake sea ideal para manejar la creciente complejidad de los datos modernos.

4.2   Almacén de datos.

Los Data Warehouses han sido ampliamente adoptados por las empresas que trabajan con BI.[3] Los almacenes de datos, como los lagos de datos, pueden contener grandes cantidades de datos.

Sin embargo, los almacenes tradicionales no pueden escalar horizontalmente, como lo hacen los lagos de datos, ya que la tecnología subyacente entre los dos es diferente.

Además, los almacenes de datos aceptan estructuras de datos bien definidas y, a menudo, con cierta documentación. Las empresas suelen requerir datos estructurados, ya que impulsan las decisiones empresariales basadas en datos. Todas las decisiones pueden quedar en el limbo si la estructura de datos o los metadatos no están bien definidos.

Los almacenes de datos son los sistemas en los que se pueden combinar diferentes conjuntos de datos estructurados. La agregación de los datos forma la información que la empresa necesita.

La información derivada se convierte en la memoria de la organización durante años, informando sobre diversos aspectos del negocio. Podemos ir aún más lejos y definir una única fuente de datos fiables a partir de datos agregados. Esta fuente hace que la organización sea capaz de tomar decisiones sobre la información contenida en ella sin tener que recuperar la información en las bases de datos de los sistemas transaccionales.

---

[3] BI (Business Intelligence) ayuda a las empresas a analizar datos históricos y actuales, de modo que puedan descubrir rápidamente información procesable para la toma de decisiones estratégicas. Las herramientas de inteligencia empresarial lo hacen posible mediante el procesamiento de grandes conjuntos de datos en múltiples fuentes y la presentación de los hallazgos en formatos visuales que son fáciles de entender y compartir.

Los almacenes de datos proporcionan métodos de consulta *ad hoc* con sus propias interfaces para el análisis estratégico. Los analistas e ingenieros de datos, así como los ejecutivos, pueden descubrir información empresarial desde diferentes puntos de vista.

Un almacén de datos típico suele incluir los siguientes elementos:

- Una base de datos relacional para almacenar y administrar datos.

- Una solución de extracción, carga y transformación (ELT) para preparar los datos para el análisis.

- Capacidades de análisis estadístico, informes y minería de datos.

- Herramientas de análisis de clientes para visualizar y presentar datos a los usuarios empresariales.

- Otras aplicaciones analíticas más sofisticadas que generan información procesable mediante la aplicación de algoritmos de ciencia de datos e inteligencia artificial (IA).

Propiedades: El almacén de datos es un repositorio centralizado de datos históricos e integrados que está optimizado para el análisis y la generación de informes.

Uso: Su objetivo principal es proporcionar una visión consolidada y coherente de los datos de la empresa, permitiendo a los usuarios tomar decisiones estratégicas basadas en información precisa y actualizada.

Origen de datos: los datos del almacenamiento de datos se extraen de una variedad de orígenes, incluidos sistemas operativos, aplicaciones y otros lagos de datos. Estos datos se limpian, transforman e integran para garantizar la coherencia y la calidad.

Tipos de datos: Los datos almacenados en un almacén de datos suelen estar estructurados y organizados en tablas relacionales, lo que facilita su consulta y análisis.

4.3 Principales diferencias entre Data Warehouse y Data Lake.

Las principales diferencias entre estas dos tecnologías son:

1º. Tecnología de alojamiento de datos.

DW es una base de datos relacional, almacenada en un mainframe o servidor en la nube, mientras que Data Lake no es una base de datos relacional, y su alojamiento se encuentra en un entorno Hadoop o similar al Big Data.

2º. Cantidad de datos.

DW es ideal para grandes cantidades de datos que deben analizarse de inmediato, mientras que Data Lake es más útil para aquellos que necesitan almacenar una gran cantidad de datos.

3º. Calidad de los datos.

DW tiene más datos seleccionados y, en consecuencia, más confiables, mientras que los datos de Data Lake pueden provenir de cualquier lugar y fuente, teniendo menos credibilidad.

4º. Rendimiento y costo.

DW es más caro, debido a la calidad del almacenamiento y la fiabilidad, mientras que Data Lake está diseñado para ser más barato, pero con el paso de los años se ha trabajado y mejorado la calidad de la seguridad.

Después de evaluar tantos puntos sobre el Data Warehouse y el data lake, dos tecnologías tan similares, es posible ver que ambas son complementarias, y pueden marcar mucha diferencia en una empresa que valora el cuidado de los datos no solo para la propia organización, sino también para los consumidores.

4.4   Despensa de datos.

El data mart es una base de datos que representa un segmento, un tema, de un Data Warehouse.

Se puede representar como un subconjunto de datos dentro del conjunto de Data Warehouse, normalmente se identifica con un sector o departamento específico del negocio.

El data mart, al ser solo una parte del todo, ofrece un acceso más fácil a los datos en cuestión. A modo de ejemplo, en la tabla 4 se presenta una comparación entre el data mart y el data warehouse.

Hay 3 tipos de Data Mart:

1. Despensa de datos dependientes.

    Se construye a partir de un almacén de datos empresarial existente con un enfoque de arriba hacia abajo.

    El análisis se puede realizar como una visualización lógica o por subconjunto físico.

2. Data Mart independiente.

    Se crea sin el uso de un almacén de datos. Se centra en un área o tema.

    Es una buena solución para objetivos a corto plazo, ya que son más fáciles de diseñar y desarrollar, pero a largo plazo son difíciles de gestionar, ya que cada uno tiene sus propias herramientas y lógicas. La integración de datos es más compleja.

3. Despensa de datos híbridos.

Combina datos de un almacén de datos existente y otros sistemas operativos de origen.

Velocidad y enfoque en el usuario final en un enfoque de arriba hacia abajo con los beneficios de la integración a nivel empresarial desde el método de abajo hacia arriba.

Propiedades: El Data Mart es un subconjunto de un Data Warehouse, diseñado para satisfacer las necesidades específicas de un departamento o área de negocio.

Uso: Su propósito es proporcionar a los usuarios finales un acceso rápido a los datos relevantes para sus actividades, facilitando la toma de decisiones operativas y tácticas.

Origen de datos: Los datos de Data Mart se extraen del almacén de datos, filtrando y agregando la información más relevante para el público objetivo.

Tipos de datos: Los datos almacenados en un Data Mart suelen estar resumidos y agregados, ofreciendo una visión más concisa y centrada de los datos.

4.5   En resumen

Data Lake: Almacena grandes volúmenes de datos sin procesar, ideales para el análisis exploratorio y el descubrimiento de información.

Data Warehouse: Almacena datos históricos e integrados, optimizados para la generación de informes y el análisis estratégico.

Data Mart: Un subconjunto de un Data Warehouse, enfocado en satisfacer las necesidades específicas de un departamento o área de negocio.

La elección entre Data Lake, Data Warehouse y Data Mart dependerá de las necesidades específicas de cada organización, como el volumen de datos, la variedad de fuentes de datos, los requisitos de rendimiento y la complejidad de los análisis a realizar.

En muchos casos, las empresas utilizan una combinación de estos tres enfoques para crear una arquitectura de datos completa y eficiente, capaz de satisfacer las demandas de las diferentes áreas del negocio.

5 Tipos de datos.

El desarrollo de la tecnología, a lo largo de los años, ha permitido que el número de datos generados a través de medios electrónicos aumente exponencialmente. En 2013, por ejemplo, la humanidad había producido 4,4 billones de gigabytes de información.

Según la empresa IDC, se espera que esta cifra aumente a 54 billones de gigabytes en 2025. Es decir, multiplicarse por diez en menos de veinte años. El principal responsable de esto es el aumento de la producción de datos no estructurados.

Sin embargo, la mayoría de las empresas aún no se han dado cuenta del poder que tienen estos datos, ni de cómo pueden aprovechar potencialmente su negocio. Sin embargo, antes de que puedan utilizar este potencial, es necesario que las empresas comprendan las características de los datos estructurados y no estructurados.

Es importante tener claro que estamos hablando de datos tan diferentes como las transacciones financieras, las fotos de Instagram, el audio de WhatsApp y las publicaciones de Facebook. Esto implica que para tener un buen procesamiento de Big Data, será necesario integrar esta variedad de datos, y estarán de acuerdo conmigo en que esta no es una tarea trivial.

A continuación, analicemos los tres tipos principales de datos que componen el enfoque de Big Data: estructurados, semiestructurados y no estructurados. Aunque la gestión de bases de datos no es un tema nuevo, hay dos factores que sí lo son:

- Varias fuentes de datos son, de hecho, nuevas. Entre ellos, podemos mencionar los datos generados por sensores, smartphones, tablets, e-commerce, etc.

- Los datos, que se produjeron a partir de estas fuentes, no se capturaron, almacenaron y analizaron de manera utilizable.

Esto se debe al hecho de que la tecnología no estaba allí para realizar esta tarea.

5.1   Datos estructurados.

Los datos estructurados se refieren a los datos que tienen un tamaño y un formato conocidos. Como ejemplo de esta categoría de datos tenemos el CPF, el código postal, las fechas, el nombre de la calle y el número de teléfono.

Es un consenso en la comunidad académica que los datos estructurados representan solo el 20% de los datos que existen actualmente. Este tipo de datos es lo que usted y yo estamos acostumbrados a tener en nuestro mundo de la tecnología de la información.

Puede formar parte de informes elaborados a partir de datos recuperados de las bases de datos de su empresa. Se pueden consultar mediante una estructura de lenguaje de consulta (SQL), consultando un DW o un archivo de copia de seguridad.

Antes de Big Data, su empresa estaba acostumbrada a tratar con fuentes de datos que incluyen datos de gestión de relaciones con los clientes (CRM), datos de planificación de recursos empresariales (ERP) operativos, datos de control de inventario, datos de transporte, datos de costos operativos y datos financieros.

Aunque parezca que este tipo de datos están tecnológicamente desfasados, están cobrando un nuevo protagonismo en el mundo del Big Data. La evolución de la tecnología ha puesto a disposición nuevas fuentes de datos estructurados generados, a menudo en tiempo real y en grandes volúmenes.

Cabe destacar que cuando consideramos los datos individualmente, no parecen representar nada grande o muy significativo, pero cuando lo contextualizamos en un escenario de millones y millones de transacciones, nos damos cuenta de que el tamaño puede ser astronómico.

Además del volumen de datos, también debemos entender que el contexto se vuelve aún más complejo cuando consideramos que gran parte de estos datos exigen respuestas en tiempo real. Una respuesta que lleva tiempo puede significar la pérdida de una venta o un gran desastre ambiental.

Las fuentes de datos estructurados se organizan en modalidades de intervención humana y no humana.

5.1.1 Generado sin intervención humana.

En esta modalidad se clasifican los datos generados por los ordenadores al ejecutar procesos y transacciones automatizadas.

Ejemplos de este tipo de datos son:

1. Datos de las interacciones de las aplicaciones financieras. Los sistemas de procesamiento de transacciones financieras, al ejecutar operaciones programadas, siguen algoritmos preestablecidos para procesar datos estructurados de operaciones comerciales como la bolsa de valores, el mercado de divisas y bitcoin.

2. Datos del punto de venta. Esto incluye los datos generados en el momento del pago de una compra. Ya sea en el punto de venta físico u online. El ejemplo natural de esta categoría de datos es el que se genera cuando el consumidor confirma una compra, desliza la tarjeta en la máquina o confirma un plan de cuotas. Teniendo en cuenta la suma total de las ventas del comercio, es posible ver cuán grande es este volumen de datos.

3. Datos registrados por sensores. En esta modalidad se

encuentran datos generados por medios muy sofisticados, como el Sistema de Posicionamiento Global (GPS), identificadores en etiquetas de identificación por radiofrecuencia (RFID), medidores con algún nivel de inteligencia y dispositivos del área hospitalaria.

4. Datos de registro del sitio web. Los sitios web, en su funcionamiento, capturan todo tipo de datos sobre tus actividades. Un ejemplo de la aplicación de este tipo de datos de seguimiento son los datos utilizados para la prevención del fraude y la clonación de tarjetas de crédito.

5.1.2 Generado por humanos.

Los datos generados por humanos son aquellos generados por la interacción entre humanos y computadoras.

Ejemplos de este tipo de datos son:

1. Datos de secuencia de clics. Son una verdadera novedad en el contexto de los datos estructurados. Estos datos se generan cada vez que el usuario de una página web hace clic en un enlace o en algún elemento de la página. Estos datos son ampliamente utilizados para determinar el comportamiento de los consumidores y sus posibles patrones de compra.

2. Datos de entrada. Son todos los datos que una persona puede introducir en un ordenador, como el nombre, la fecha de nacimiento, los ingresos, la afiliación, las respuestas de las encuestas en formato no libre, etc. Estos datos son muy útiles para la elaboración de perfiles del cliente.

3. Datos generados durante una competición de videojuegos. Durante una partida de cualquier juego, los movimientos y

acciones se transforman en dados. Estos datos son muy útiles para entender cómo se comportan los jugadores teniendo en cuenta una cartera de juegos.

5.2   Datos semiestructurados.

Se trata de datos que no necesitan almacenarse en un SGBD, que tienen un alto grado de heterogeneidad y son datos que no están generalizados ni tienen un tipo de estructura.

Ejemplos de datos semiestructurados son: Extensible Markup Language (XML), Resource Description Framework (RDF), Web Ontology Language (OWL) y el contenido de un correo electrónico, etc. (Guoliang et al., 2008).

Los datos semiestructurados son un cruce entre datos estructurados y no estructurados. Son datos que pueden tener alguna estructura que se puede utilizar para el análisis, como etiquetas u otros tipos de marcadores, pero no tienen la estructura rígida que se encuentra en las bases de datos o las hojas de cálculo.

Por ejemplo, un tweet se puede categorizar por autor, fecha, hora, duración e incluso el sentimiento detrás del tweet, pero el contenido en sí suele ser desestructurado.

Es posible, hoy en día, analizar automáticamente el texto de ese tuit, pero no utilizando los métodos analíticos tradicionales. Requeriría una herramienta de análisis de texto especializada, como una que pueda realizar análisis de sentimientos.

Este es un método de uso de NLP[4] para determinar el "estado de ánimo" detrás del texto. ¿El autor estaba feliz o triste, o estaba enojado, preocupado o divertido cuando creó el tuit? Un algoritmo de

---

[4] Programación neurolingüística.

análisis de sentimientos puede procesar el texto no estructurado del tweet y añadir metadatos que, como se puede imaginar, proporcionarían información valiosa para aquellos que quieran entender el comportamiento de sus clientes en las redes sociales.

En un ejemplo de análisis de sentimientos realizado en Twitter, los investigadores pudieron predecir qué mujeres tenían un mayor riesgo de desarrollar depresión posparto.

Analizaron las publicaciones de Twitter en busca de pistas verbales en las semanas previas al nacimiento. Descubrieron que el lenguaje negativo y las palabras que sugerían infelicidad, así como un uso cada vez mayor de la palabra "yo", indicaban una mayor probabilidad de desarrollar depresión posparto.

El resultado de esto fue que las publicaciones se etiquetaron con un indicador de si el cartel era propenso o no a la depresión, en otras palabras, la estructura se agrega a la publicación como metadatos.

5.3   Datos no estructurados.

Los datos no estructurados se llaman así porque son lo opuesto a los datos estructurados. No están organizados de una forma previamente definida, además de no tener un formato determinado de antemano.

El gran problema de este tipo de datos es que no pueden ser procesados fácilmente por las herramientas convencionales, lo que imposibilita la producción de información.

Los datos no estructurados son en realidad la mayoría de los datos que se encuentran en Internet. Un dato interesante para destacar es cómo la tecnología ha cambiado la forma en que tratamos estos datos descartados hasta hace poco. Esto ha cambiado radicalmente ahora que las empresas se han dado cuenta de que la mayoría de los seres humanos y las propias empresas llevan a cabo sus vidas en torno a datos no estructurados.

Las fuentes de datos no estructuradas se organizan en modalidades de intervención humana y no humana.

5.3.1 Generado sin intervención humana.

En esta modalidad se clasifican los datos generados por los ordenadores al ejecutar procesos y transacciones automatizadas.

Ejemplos de este tipo de datos son:

1. Datos científicos. Aquí se consideran las imágenes de los terremotos, los datos atmosféricos y la física de altas energías.

2. Imágenes generadas por satélite. Estas imágenes se generan en el procesamiento de datos meteorológicos y de vigilancia por parte de instituciones gubernamentales y militares. Un gran ejemplo actual es Google Earth.

3. Fotografías y video. Esta categoría incluye imágenes de seguridad, vigilancia, tráfico aéreo y vídeo de tráfico.

4. Datos de radar o sonar. Datos generados por la percepción del entorno monitoreado, como perfiles sísmicos, meteorológicos y oceanográficos vehiculares.

5.3.2 Generado por humanos.

Los datos generados por humanos son aquellos generados por la interacción entre humanos y computadoras.

Ejemplos de este tipo de datos son:

1. Textos internos en la empresa. Aquí se consideran los numerosos documentos, registros, resultados de investigaciones, ordenanzas, instrucciones normativas, opiniones, directrices, actas, registros y correos electrónicos. La información empresarial representa un gran porcentaje de la

información de texto en el mundo actual.

2. Redes sociales. Actualmente se generan un sinfín de datos a partir de plataformas de redes sociales como YouTube, Facebook, Twitter, LinkedIn y Pinterest.

3. Datos móviles. Incluye datos como mensajes de texto, datos de llamadas telefónicas e información de ubicación GPS.

4. Navegación por el sitio web. Se trata de datos generados por cualquier sitio web que trabaje con contenido no estructurado, como YouTube e Instagram.

5.4 Una pregunta: ¿es lo desestructurado realmente desestructurado?

Decir que los datos no están estructurados puede ser incorrecto y esta es una discusión que todavía llega muy lejos, porque cada fuente de datos no estructurados tiene su estructura y reglas definidas por su forma de trabajar.

Al hablar de datos hoy en día en Internet, se observa que la mayoría de los datos no están estructurados y, como consecuencia, los casos de uso para su manejo se están expandiendo rápidamente.

Tenemos hoy en día, en el mundo de las tecnologías de la información, todo un sector en crecimiento que gira en torno a la gestión de contenidos. Muchos de estos gestores están ampliando su gama de soluciones para hacer frente a grandes volúmenes de datos no estructurados.

Algunos gestores de contenido ya admiten flujos de datos no estructurados en tiempo real. Esto incluye tecnologías como Hadoop, MapReduce y streaming. Más adelante en este libro trataremos este tema.

Los sistemas diseñados para procesar datos, como los sistemas de gestión de contenidos, ya no serán soluciones aisladas. Se integrarán con otros sistemas de información y darán lugar a una solución global de gestión de datos.

Podemos ejemplificar este escenario pensando en una empresa que necesita monitorear los feeds de Twitter que luego pueden activar programáticamente un Sistema de Gestión de Contenido - CMS.

En este ejemplo, la persona que ha llamado a Twitter, tal vez para encontrar una solución a un problema, recibe una respuesta que ofrece un lugar donde el individuo puede encontrar el producto que está buscando. El mayor beneficio se produce cuando este tipo de interacción puede ocurrir en tiempo real y generar una venta.

El ejemplo también ilustra el potencial de aprovechar el tiempo real:

- Datos no estructurados;

- Datos estructurados. Los datos personales de la persona que activó Twitter; y

- Datos semiestructurados. El contenido que se procesó en el CMS.

De hecho, lo que las empresas probablemente utilizarán para resolver sus desafíos de big data es un enfoque híbrido.

5.5   En tiempo real y no en tiempo real.

Actualmente, el centro de datos tiene una cantidad masiva de datos y parte de ellos deben ser procesados de inmediato. Esta es la esencia del esfuerzo de las empresas hacia el análisis de datos en tiempo real y el uso de la información para la toma de decisiones estratégicas de negocio.

Hace unos 10 años, se discutieron los esfuerzos de un número creciente de empresas para hacer que sus sistemas comerciales sean "más inteligentes" a través de la adición de capacidades analíticas integradas.

Una de las fuerzas impulsoras que impulsaron estos esfuerzos fue el deseo de mejorar la toma de decisiones en tiempo real, deshaciendo el desacoplamiento habitual de los sistemas de inteligencia empresarial y análisis avanzado de las aplicaciones empresariales.

En ese momento, ya estaba claro que había una brecha entre "lo que sabía el departamento de inteligencia de negocios y lo que sabían las personas que dirigen el negocio".

Volviendo a una época más actual, podemos ver que, a pesar de los avances, la demanda de datos en tiempo real y la necesidad de decisiones estratégicas basadas en información precisa siguen siendo requisitos obligatorios para la mayoría de las empresas.

Las empresas de hoy en día tienen procesos operativos que requieren decisiones inmediatas y necesitan acceso a información real. Tecnologías como la inteligencia empresarial (BI) y el análisis de datos pueden ayudar a los gerentes empresariales a tomar decisiones más efectivas en situaciones riesgosas o estratégicas para el negocio.

Hemos hablado mucho de que el Big Data es un enfoque que aborda escenarios y volúmenes de datos que probablemente no generarían valor porque la tecnología no estaba lo suficientemente avanzada o el costo de hacerlo era prohibitivo.

Nos dimos cuenta, entonces, de que el gran cambio al que nos enfrentamos con el Big Data es que ahora tenemos la capacidad de procesar grandes cantidades de datos sin toda la complejidad de programación que era necesaria en el pasado.

Muchas empresas e instituciones públicas se encuentran en un punto crítico en cuanto a la gestión de grandes volúmenes de datos complejos. Procesar estos datos en tiempo real puede significar obtener una ventaja competitiva o evitar una pérdida.

En el caso de que tu empresa realmente necesite recursos en tiempo real, es necesario, entonces, identificar cuáles son los requisitos de infraestructura para soportarlos.

Es común que los datos lleguen muy rápido y no incluyan una gran variedad de fuentes. La pregunta aquí es si el problema en cuestión se puede resolver con las capacidades tradicionales de gestión de la información, o necesitamos capacidades más nuevas. ¿El volumen o la velocidad abrumarán nuestros sistemas? En la mayoría de los casos, el desafío es una combinación de los dos.

Ejemplos de estas situaciones son:

- Supervise las noticias y las redes sociales para determinar los eventos que pueden afectar a las ventas, como la reacción de los clientes al anuncio de un nuevo producto.

- Cambia la ubicación de un anuncio durante un evento deportivo importante en función de las publicaciones de Twitter en tiempo real.

- Monitoree una situación con nueva información para prevenir fraudes.

- Regala a un cliente un regalo basado en una compra en el punto de venta.

El deseo de análisis de datos en tiempo real está relacionado con la necesidad de aumentar la velocidad y la flexibilidad de las aplicaciones y sus resultados. Esto implica simplificar los contenedores y los microservicios que se pueden ensamblar de forma más dinámica.

Para ello, hay muchos factores, entre ellos:

- Promociones en tiempo real, donde es necesario identificar una oportunidad para hacer una oferta promocional específica para mejorar las tasas de conversión. La intermediación es una parte importante de la estrategia.

- Mantenga una vista en tiempo real del inventario en los puntos de compra *omnicanal*[5] .

- Mantenimiento preventivo y detección de interrupciones asociadas a los ingresos y la satisfacción del cliente, especialmente en tecnologías, como el Internet de las Cosas.

- Monitorización de costes en la facturación de servicios en la nube.

- Los desafíos involucran brechas de habilidades en la construcción de estos sistemas y la construcción de modelos que detectan problemas, así como oportunidades y desafíos en la construcción de una cultura receptiva dentro de la empresa.

- En este contexto, hay que incluir una palabra que ha comenzado a difundirse: *streaming*. Tímidamente al principio y generalmente en áreas más técnicas, fue surgiendo poco a poco hasta convertirse en omnipresente.

desde audio (Spotify, Deezer, Apple Music, YouTube Music, Amazon Music, Tidal, entre otros) y video (Youtube, Netflix, Vimeo,

---

[5] Omnicanalidad significa comunicación en múltiples canales, combinando características particulares de cada uno con el fin de construir una experiencia única para el consumidor de una marca.

DailyMotion, Twitch, entre otros) hasta aplicaciones más específicas, el streaming se ha convertido en una palabra cotidiana para los Devs[6].

5.6   Flujo de datos.

Para comprender mejor qué es la transmisión de datos, primero entendamos qué es el procesamiento de datos por lotes[7]. El streaming no es mejor que el batch, son dos formas diferentes de procesar datos y cada una de ellas tiene sus particularidades y aplicaciones.

Las tareas computacionales a menudo se denominan *trabajos* y pueden ejecutarse en procesos o subprocesos. Los trabajos que se pueden ejecutar sin la interacción del usuario final o que están programados para ejecutarse se denominan *trabajos*. Un ejemplo es un programa que lee un archivo grande y genera un informe.

¿Y qué es el procesamiento de datos en streaming?

Según los excelentes Akidau et al. (2019), podemos definir el streaming como "un tipo de motor de procesamiento de datos diseñado para manejar infinitos conjuntos de datos".

Lo primero que hay que tener en cuenta es que los datos vendrán de forma infinita (*ilimitada*), a diferencia del procesamiento por lotes que es finito, y no hay forma de garantizar el orden en el que llegan.

---

[6] Un DEV es una persona que sabe cómo desarrollar software. También se les llama: Programadores, codificadores, ingenieros de software, UX, front, back, fullstack, embedded, mobile y muchos otros. Un DEV es alguien que estudia o trabaja con el desarrollo de software.

[7] Lote. El procesamiento de archivos por lotes (también conocido como .bat o point-to-bat) es un modo de procesamiento de datos en el que los datos de entrada se recopilan en grupos o lotes y se procesan periódicamente en secuencia por uno o más trabajos. El procesamiento por lotes no permite al usuario interactuar con el sistema durante la ejecución de los trabajos.

Para ello existen una serie de estrategias, o heurísticas, que tratan de mitigar dichos problemas y cada uno de ellos con sus fortalezas y debilidades.

Cuando se trata de conjuntos de datos, podemos hablar de dos estructuras importantes: las tablas, como una vista específica de los datos en un momento específico en el tiempo, como en el DBMS tradicional, y *los flujos*, como una vista elemento por elemento durante la evolución de un conjunto de datos a lo largo del tiempo.

5.7   Big Data + DW = ?

El concepto de DW surgió hace casi 30 años. DW estaba destinado a resolver un problema importante para los clientes que tenían sistemas operativos temáticos.

La gerencia quería reemplazar los sistemas ineficientes de apoyo a la toma de decisiones con modelos más simplificados. Las empresas querían tener un modelo de arquitectura único que facilitara mucho la toma de decisiones empresariales.

La solución elegida por la mayoría de las empresas fue adoptar DW completo o sus data marts. Sin embargo, con la llegada del Big Data, el concepto de DW está cambiando para que pueda aplicarse a nuevos casos de uso.

El DW tradicional sobrevivirá y prosperará porque es muy útil para analizar datos operativos históricos. Sin embargo, los nuevos tipos de Data Warehouses estarán optimizados para el mundo del Big Data.

A diferencia de los sistemas y aplicaciones de bases de datos operativas tradicionales, los analistas financieros utilizaron DW para informar la toma de decisiones sobre estrategias comerciales.

Los datos se recopilaron de una variedad de fuentes de bases de datos relacionales. Se hizo necesario asegurarse de que los metadatos fueran coherentes y de que los propios datos estuvieran limpios y bien integrados.

Bill Inmon, considerado el padre del Data Warehouse moderno, estableció un conjunto de principios que incluye las siguientes características:

- Debe estar orientado a la materia.

- La información debe ser no volátil para que no pueda ser alterada inadvertidamente.

- La información en el almacén debe incluir todas las fuentes operativas aplicables. La información debe almacenarse de manera que tenga consistencias definidas y los valores más actualizados.

Los almacenes de datos se han basado en datos estructurados y tienen estrechos vínculos con los sistemas transaccionales de la empresa, y aunque están muy bien construidos, ahora están en camino de enfrentar cambios significativos a medida que las empresas intentan expandirse y modificar DW para que puedan seguir siendo relevantes en el nuevo mundo de Big Data.

Si bien los mundos de Big Data y DW se cruzan, es poco probable que se fusionen en el horizonte cercano. Se puede pensar en el DW tradicional como un repositorio de datos para la inteligencia empresarial muy parecido a un sistema de gestión de relaciones con los clientes, un CRM o un sistema de contabilidad.

Estos sistemas están altamente estructurados y optimizados para fines específicos. Además, estos sistemas de información tienden a ser altamente centralizados.

Es inevitable que las empresas continúen utilizando los Data Warehouses para trabajar con fuentes de datos estructuradas y operativas para componer bases de datos estratégicas.

Estos almacenes de datos también proporcionarán a los análisis empresariales la capacidad de analizar datos y tendencias clave. Sin embargo, el advenimiento del Big Data está desafiando el papel de la DW y proporcionando un enfoque complementario.

Es posible pensar que la relación entre Data Warehouse y Big Data dará lugar a una estructura híbrida a partir de la fusión de ambos. En este modelo híbrido, los datos operativos estructurados altamente optimizados permanecen bajo el estricto control del almacén de datos, mientras que los datos que están altamente distribuidos y sujetos a cambios en tiempo real serán controlados por una infraestructura similar de Hadoop o NoSQL.

Es inevitable que tanto los datos estructurados como los no estructurados tengan que interactuar en el mundo del Big Data, donde las fuentes de información pueden no haber sido depuradas o perfiladas.

Cada vez son más las empresas que se enfrentan a nuevos requisitos empresariales que combinan los DW tradicionales con sus bases de datos empresariales históricas con fuentes de datos Big Data menos estructuradas. Un enfoque híbrido que trabaje tanto con fuentes de datos tradicionales como con big data puede ayudar a cumplir estos nuevos requisitos empresariales.

5.8   Examinando un Estudio de Caso de Proceso Híbrido

Imagina que estás a cargo de la gestión de datos de una página online de una empresa de venta al por menor de ropa. Su empresa ofrece una amplia variedad de productos, como pantalones, camisas, abrigos, ropa interior, vestidos, faldas, bragas, sujetadores y diversos accesorios. La empresa ofrece estos productos en varias modalidades de compra. Por ejemplo, está disponible la compra con tarjeta de crédito, pix y boleto. Y ofrece varias modalidades de entrega, como la entrega, la recogida en el punto de venta y el envío exprés.

Este sitio tiene relaciones con varias empresas del sector que ofrecen servicios como fijación de piezas, lavado especializado, pequeñas reparaciones, teñido y reventa en el esquema de tiendas de segunda mano.

El sitio tiene varias versiones traducidas a diferentes países. Además, se ofrece un servicio de compra al por mayor para los revendedores.

Es posible observar que este sitio requiere la gestión de un gran volumen de datos y debe responder al usuario de forma personalizada según el perfil de este usuario.

La empresa utiliza un DW para monitorear sus transacciones y datos operativos, pero el DW no permite monitorear el tráfico de datos en Internet. Entonces, con este fin, la empresa implementó soluciones de analítica web para capturar las interacciones con los clientes.

Entre los ítems monitoreados se encuentran:

- ¿En qué producto hizo clic el cliente?

- ¿Qué ofertas se pusieron a disposición del cliente?

- ¿Fue el precio decisivo para una compra?

- ¿A los clientes les gustaría tener los medios para personalizar las piezas o era más probable que compraran los productos disponibles?

- ¿Qué promociones atrajeron a más clientes?

- ¿Qué promociones no atrajeron a los clientes?

- ¿Qué socios son los más buscados?

Aunque muchos de estos datos tienen el potencial de generar análisis muy valiosos para la planificación de estrategias, no era práctico para la empresa almacenar todos o la mayoría de los datos en el Data Warehouse.

Como resultado, la mayoría de estos datos se descartaron después de ser examinados. Como era de esperar, la empresa se dio cuenta de que sería valioso conservar la mayor cantidad posible de estos datos para comprender los cambios y matices del negocio.

El equipo de gestión de la información decidió que, en lugar de crear un DW personalizado para almacenar estos datos, sería mejor adoptar el enfoque de computación distribuida de Hadoop basado en servidores básicos.

Después del trabajo que fue necesario para la implementación del Big Data, la empresa comenzó a guardar todos los datos de las interacciones en la web. Estos datos ahora se almacenan en una amplia gama de servidores que ejecutan Hadoop y MapReduce. Aprovechando herramientas como *Flume* y *Sqoop*, el equipo puede mover datos hacia y desde Hadoop y enviarlos a un modelo relacional para que se puedan buscar y analizar con herramientas SQL más conocidas.

Ahora la empresa es capaz de adaptar la exposición de productos y ofertas rápidamente cuando se da cuenta de que un determinado grupo de clientes está buscando un determinado producto o servicio. También puede cambiar sus ofertas rápidamente cuando identifique que un grupo demográfico de clientes desea determinados productos o servicios.

La empresa también puede predecir cambios en los precios mostrados de acuerdo con las variaciones en la compra de bienes para reponer inventarios.

Algunos de estos datos permanecen en el entorno de Hadoop y se actualizan casi en tiempo real. Otros datos se limpian y, a continuación, se trasladan a DW para utilizarlos con el fin de comparar la información histórica sobre clientes y socios. El DW existente proporciona el contexto para el negocio, mientras que el entorno de Hadoop realiza un seguimiento de lo que sucede minuto a minuto.

La combinación del enfoque DW con el sistema dinámico de Big Data ofrece una inmensa oportunidad para que la empresa siga evolucionando su negocio a partir del análisis de la gran cantidad de datos generados por sus entornos web.

Esta hibridación tiene muchas ventajas, pero en algunas situaciones, las fuentes de información carecen de metadatos explícitos. Antes de que un analista pueda combinar los datos transaccionales históricos con los datos menos estructurados de Big Data, hay mucho trabajo por hacer.

Por lo general, el análisis inicial de petabytes de datos revelará patrones interesantes que pueden ayudar a predecir cambios comerciales sutiles o posibles soluciones al diagnóstico de un paciente.

El análisis inicial se puede completar aprovechando herramientas como MapReduce con el marco del sistema de archivos distribuido de Hadoop. En este punto, uno puede comenzar a entender si es capaz de ayudar a evaluar el problema que se está tratando.

En el proceso de análisis, tan importante como eliminar datos innecesarios es identificar qué datos son relevantes para el contexto empresarial. Una vez completada esta fase, los datos restantes deben transformarse para que los metadatos produzcan definiciones precisas.

Así, cuando el Big Data se combina con los datos históricos del Data Warehouse, los resultados serán precisos y relevantes. Los archivos extraídos deben transformarse para que coincidan con las reglas y procesos de negocio del asunto y el segmento de negocio para el que se diseñaron

Para hacer posible el proceso descrito, es necesario especificar una estrategia de integración de datos bien definida.

En DW es normal tener una combinación de tablas relacionales, tablas simples y datos de fuentes no relacionales. Un DW bien construido se diseñará para que los datos se conviertan a un formato común que impulse las consultas que se procesan de manera precisa y coherente.

Por ejemplo, es común tener el valor de una compra en un campo DW porque será útil en muchas consultas. Es posible que existan procesos dentro de DW para validar que los cálculos son precisos en función de las reglas de negocio. Así como estas ideas son fundamentales para DW, también lo son para convivir con Big Data.

Tenga en cuenta, entonces, que los datos deben extraerse de fuentes de Big Data para que estas fuentes puedan trabajar juntas de manera segura y producir resultados significativos.

Además, las fuentes tienen que ser transformadas para ser útiles en análisis que unen datos históricos y grandes volúmenes de datos dinámicos que varían en tiempo real.

La carga de información en el modelo de Big Data es muy diferente de las rutinas de carga tradicionales, ya que los datos cargados en el DW nunca cambian después de que se cargan. El marco de Big Data distribuido a menudo lleva a las empresas a cargar primero los datos en una serie de nodos y luego realizar la extracción y transformación.

Un DW típico proporcionará a la empresa una instantánea de los datos en función de la necesidad de analizar un problema empresarial específico que requiere supervisión.

Al crear una arquitectura híbrida de DW y Big Data, es importante tener en cuenta que la naturaleza dinámica de los datos de Big Data puede cambiar tanto la forma en que se realiza el análisis solo con DW que puede verse enormemente comprometida.

Por lo tanto, es necesario analizar muy bien las similitudes y diferencias entre la forma en que se gestionan los datos en un entorno que combina los dos enfoques.

Entre las similitudes, podemos mencionar que los requisitos para definir datos estructurados y para extraer y transformar datos de las principales fuentes de datos son los mismos. Otro punto importante en común entre los dos entornos es la necesidad de cumplir con los procesos y reglas de negocio de la empresa.

Entre las diferencias se encuentra que el modelo de computación dinámica de Big Data será fundamental para hacer viable el modelo híbrido, ya que naturalmente será el foco principal de esfuerzos, mientras que el DW tradicional se utilizará para agregar datos históricos y transaccionales.

Por lo general, DW se implementa en un solo sistema dentro del centro de datos. Los costes de este modelo han llevado a las empresas a optimizar estas plataformas y a limitar el alcance y tamaño de la base de datos a gestionar.

Más que pensar en entornos híbridos, es importante ser conscientes de que la llegada del Big Data ha traído cambios significativos en los modelos de despliegue de la gestión de datos.

6 Modificación de productos de Business Intelligence para manejar Big Data.

Los productos tradicionales de inteligencia empresarial no están diseñados para manejar Big Data. Están diseñados para trabajar con datos altamente estructurados y bien entendidos, generalmente almacenados en un repositorio de datos relacionales y mostrados en su computadora de escritorio o portátil.

Del mismo modo, la analítica tradicional de inteligencia empresarial se suele aplicar para analizar la base de datos en un instante dado en lugar de una cantidad de datos que cambia en tiempo real.

¿Cuáles son, entonces, las diferencias en el entorno de datos cuando se confía en Big Data?

6.1 Datos – Contextualizando el significado

Como se ha comentado en los capítulos anteriores, el Big Data consta de datos estructurados, semiestructurados y no estructurados. A menudo tenemos muchos datos y esto puede empeorar mucho el problema.

A la hora de pensar en analizarlos, es necesario ser consciente de las posibles características de sus datos:

1. Puede provenir de fuentes poco fiables.

   El análisis de big data a menudo implica la agregación de datos de diversas fuentes. Estos pueden provenir tanto de fuentes internas como externas.

   Los datos internos, porque son internos, son confiables para todos, pero ¿qué pasa con las fuentes externas? ¿Qué tan confiables son los datos de las redes sociales, como un tweet? La información puede provenir de una fuente no verificada.

La integridad de estos datos debe tenerse en cuenta en el análisis.

2. Puede estar sucio.

Los datos sucios8 son datos inexactos, incompletos o erróneos. Esto puede incluir faltas de ortografía de palabras, datos de un sensor que está roto, no calibrado correctamente o dañado de alguna manera, o incluso duplicado.

Los científicos de datos debaten dónde limpiar los datos: más tarde de la recopilación o en tiempo real. Hay quienes argumentan que los datos sucios no deben limpiarse porque pueden contener archivos adjuntos interesantes.

Es probable que la estrategia de limpieza dependa de la fuente, el tipo de datos y el propósito de su análisis. Por ejemplo, si su empresa está desarrollando un filtro de spam, el objetivo es detectar los elementos malos en los datos. En este caso, la limpieza de los datos dañará la calidad de su masa de prueba.

3. La relación señal-ruido puede ser baja.

En otras palabras, la señal, la información utilizable, puede ser solo un pequeño porcentaje de los datos; El ruido es el resto.

Ser capaz de extraer una pequeña señal de datos ruidosos es parte del beneficio del análisis de big data, pero es posible que deba tener en cuenta que la señal puede ser pequeña.

4. Puede ser en tiempo real.

---

[8] Datos "sucios". Datos sucios. Está desactualizada, es falsa, no coincide, está incompleta y está marcada como información no deseada, que se corrige mediante el procesamiento de datos. El procesamiento de datos es un proceso que combina la higiene y la validación de datos.

La capacidad de analizar flujos de datos en tiempo real permite a las empresas identificar patrones, tendencias y anomalías de inmediato, lo que permite respuestas rápidas y eficientes.

Una de las principales ventajas de utilizar productos de BI para el análisis de flujos de datos en tiempo real es la capacidad de supervisar y realizar un seguimiento de los eventos en tiempo real, lo que permite obtener una visión actualizada y precisa del rendimiento operativo. Esto es especialmente valioso en industrias como las finanzas, el comercio minorista, la logística y la fabricación, donde las decisiones tomadas en función de la información en tiempo real pueden tener un impacto directo en los resultados financieros y operativos.

Al utilizar productos de BI para el analisis del flujo de datos en tiempo real, las empresas pueden obtener información de manera oportuna para tomar medidas proactivas y correctivas. Por ejemplo, en una empresa minorista, al analizar los datos de ventas en tiempo real, es posible identificar patrones de demanda, inventarios bajos o altos, y ajustar la estrategia de oferta y marketing para maximizar las ventas.

Otra aplicación esencial del BI en tiempo real es la detección de fraudes y amenazas en ciberseguridad. Con el análisis en tiempo real de los datos de actividades sospechosas, es posible identificar patrones y comportamientos anormales, actuando rápidamente para contener y mitigar los riesgos potenciales.

Además, el análisis de los flujos de datos en tiempo real permite la personalización y automatización de los procesos, mejorando la experiencia del cliente. Por ejemplo, en un entorno de comercio electrónico, el seguimiento en tiempo real de los datos de navegación y compra de los clientes permite la recomendación instantánea de productos relevantes, lo que aumenta las posibilidades de conversión y fidelización de los clientes.

Para aprovechar todo el potencial del análisis de flujo de datos en tiempo real, es esencial contar con productos de BI eficientes y una infraestructura de datos sólida. Esto implica el uso de tecnologías como el procesamiento en memoria, que permite un acceso rápido a los datos en tiempo real, y el uso de sistemas de almacenamiento escalables y de alta velocidad.

Además, es importante que las empresas cuenten con un plan estratégico para la implementación de sus soluciones de BI en tiempo real. Esto incluye el establecimiento de metas y objetivos claros, la identificación de fuentes de datos clave relevantes y la creación de un flujo de trabajo eficiente para capturar, procesar y analizar datos en tiempo real.

Otro aspecto fundamental es la capacidad de visualizar los datos en tiempo real. Las herramientas de BI deben ofrecer capacidades de visualización avanzadas, como paneles interactivos, gráficos dinámicos y alertas automatizadas. Esto permite a los usuarios identificar rápidamente información relevante y tomar decisiones informadas basadas en datos en tiempo real.

Sin embargo, es importante destacar que el análisis de los flujos de datos en tiempo real no se trata solo de tener acceso a los datos en tiempo real. Es fundamental tener una estrategia clara sobre cómo utilizar estos datos para obtener información significativa. Esto implica la aplicación de algoritmos avanzados de análisis de datos, como el aprendizaje automático y la inteligencia artificial, para identificar patrones, predecir tendencias y tomar decisiones predictivas basadas en flujos de datos en tiempo real.

6.2   ¿Quién está utilizando el Big Data?

Pero, al fin y al cabo, si el Big Data es para todos, ¿quién lo está aplicando y disfrutando ya de las ventajas que ofrece?

Los ejemplos de uso de Big Data son varios y en diversos sectores.

1. Bancos.

   El Big Data tiene diversas aplicaciones en las instituciones financieras.

   Entre ellos, destaca el uso de la tecnología para gestionar mejor los riesgos crediticios de los clientes y prevenir el fraude.

2. Enseñanza superior.

   La gestión de los expedientes de los estudiantes y de la información del campus, así como la gestión financiera y la mejora de la investigación académica, son algunas de las ventajas que el Big Data aporta a las instituciones educativas.

3. Gobierno.

   El gobierno también utiliza el Big Data para gestionar los datos de la población, especialmente de los beneficiarios de programas como Bolsa Familia.

4. Operadores de salud.

   El Big Data ha revolucionado el campo de la Medicina. Y con los operadores de salud, no es diferente.

   La aplicación del método ha contribuido al registro y manejo de la información de los pacientes en sus historias clínicas, incluyendo exámenes, consultas y procedimientos realizados.

5. Fabricación.

   En la industria manufacturera, hay varios casos de éxito de Big Data.

   Entre ellos se encuentra la mejora de la eficiencia de la producción.

   Con el análisis de datos, es posible mejorar los métodos de fabricación y la calidad del producto, mejorando la entrega final al cliente.

6. Venta al por menor.

En el retail, el Big Data ha colaborado, sobre todo, con datos sobre el comportamiento de consumo de los clientes.

Así, los establecimientos comerciales pueden crear soluciones para fortalecer aún más la relación con su público.

6.3 ¿Cómo aplicar el Big Data en tu empresa?

¿Estás pensando en adoptar el Big Data para tu negocio?

Entonces, mira ahora cómo aplicarlo en diferentes áreas.

1. Marketing.

Recopile y analice los datos de sus clientes.

Comprenda cuáles son sus hábitos, como la frecuencia de las compras, por ejemplo.

A partir de ahí, crea acciones personalizadas según los datos obtenidos.

2. Control de calidad.

Procesar los datos generados con el fin de identificar problemas en la fabricación.

Las pruebas predictivas pueden ayudar a prevenir posibles defectos.

3. Financiero.

Implemente Big Data para controlar los presupuestos y asignar mejor los recursos disponibles.

Así, evita una incorrecta gestión de las finanzas y posibles intentos de fraude interno.

4. En la industria.

Hemos hablado de la posibilidad de identificar defectos y mejorar la producción en el sector manufacturero, ¿verdad?

Pero, cuando se aplica en la industria, el Big Data puede tener diferentes aplicaciones.

Uno de ellos es el análisis de datos para identificar problemas con los proveedores.

5. Redes sociales.

Las redes sociales son el escenario perfecto para instituir el Big Data.

Esto se debe a que cuentan con un alto volumen de datos, con una gran variedad y velocidad.

Estos canales son excelentes para promocionar productos y servicios.

Y, con el análisis de datos, es posible dirigir las comunicaciones de manera más asertiva.

1. Hábitos de compra.

Este ejemplo es muy utilizado en el comercio minorista.

Al fin y al cabo, al identificar el comportamiento del consumidor, es posible alinear las estrategias.

Si un determinado grupo de clientes compra un tipo de producto con una frecuencia determinada, la empresa puede anticiparse y enviar un correo directo, recordándoles que es el momento de repetir la compra.

2. Recursos humanos.

El área de RRHH es bastante antigua. El proceso de reclutamiento, por ejemplo, ha estado en marcha durante muchos años.

Sin embargo, se ha mejorado. Y el Big Data es un gran contribuyente a esta evolución.

Entre las aplicaciones viables se encuentra la capacidad de crear estrategias de selección de currículos alineados con las atribuciones que la empresa está buscando.

3. Área financiera.

El sueño de todo planificador financiero es asignar los recursos de manera eficiente.

Es decir, distribuir cantidades adecuadas a las necesidades de la empresa.

Con el Big Data, esto se hace posible.

La herramienta, además de ayudar con el mapeo, contribuye a la comprensión de los costos para una mejor orientación y control.

4. Buscar.

El Big Data aplicado a la búsqueda de usuarios, generalmente en sitios como Google, contribuye a la investigación de mercados.

El análisis predictivo que proporciona la herramienta es un punto positivo cuando se trata principalmente de la segmentación. Es posible entender dónde se concentra el volumen de búsquedas, por ejemplo.

6.4   Virtualización.

La virtualización, que consiste en utilizar recursos informáticos para imitar a otros recursos, es una de las tecnologías que hacen posible el desarrollo del concepto de Big Data.

Es aplicable a la implementación de la computación en la nube y proporciona la base para muchos de los atributos arquitectónicos necesarios para acceder, almacenar, analizar y administrar componentes de computación distribuida en entornos de big data. Su capacidad para aumentar la utilización, la eficiencia y la escalabilidad de los recursos de TI lo hace muy valorado.

Una aplicación básica de la virtualización es la consolidación de servidores. Esto ayuda a las empresas a aumentar el uso de servidores físicos y reducir los costos de infraestructura.

Debido a los muchos beneficios de la virtualización, las empresas que inicialmente se centraron exclusivamente en la virtualización de servidores ahora reconocen que se puede aplicar en toda su infraestructura de TI, incluido el software, el almacenamiento y las redes.

La virtualización separa los recursos y servicios del entorno de entrega físico subyacente, lo que permite que muchos sistemas virtuales se construyan en un único sistema físico.

La virtualización mejora el rendimiento y la eficiencia del procesamiento de una combinación diversa de cargas de trabajo al asignar la carga de trabajo a un conjunto dedicado de recursos físicos.

Un conjunto agrupado de recursos virtuales se puede asignar rápidamente según sea necesario en todas las cargas de trabajo. Este aumento en la velocidad y la eficiencia de la prestación de servicios contribuye en gran medida a mejorar el tiempo de creación de valor en general y, por lo tanto, reduce en gran medida la latencia.

Entre los beneficios de la virtualización podemos mencionar:

- Permitir una mejora sustancial en la utilización de los recursos de almacenamiento, servidor y red.

- Permita un control mejorado sobre el uso y el rendimiento de sus recursos de TI.

- Proporcionar una base para la computación en la nube.

- Proporcione un nivel de automatización y estandarización para optimizar su entorno informático.

A pesar de las ventajas citadas con la virtualización, es necesario tener en cuenta que los recursos virtuales deben administrarse para que sean seguros y proporcionen el nivel adicional de eficiencia para hacer realidad las plataformas de Big Data.

Entre las preocupaciones para tener un proyecto de Big Data exitoso, la principal es contar con el nivel de rendimiento adecuado para soportar el análisis de grandes volúmenes y diversos tipos de datos.

A medida que su empresa comienza a utilizar Hadoop y MapReduce en su entorno, es fundamental que cuente con una infraestructura de soporte que pueda escalar. Al optar por la virtualización, su arquitectura podrá contar con una eficiencia adicional en cada capa de la infraestructura de TI y ayudará a que la arquitectura en su conjunto logre la escalabilidad necesaria para el análisis de big data.

La virtualización tiene tres características que respaldan la escalabilidad y la eficiencia operativa requeridas para los entornos de Big Data:

- Partición: En la virtualización, muchas aplicaciones y sistemas operativos se admiten en un único sistema físico mediante la partición (separación) de los recursos disponibles.

- Aislamiento: cada máquina virtual está aislada de su sistema físico host y de otras máquinas virtualizadas. Debido a este aislamiento, si se produce un error en una instancia virtual, las demás máquinas virtuales y el sistema host no se ven afectados. Además, los datos no se comparten entre una instancia virtual y otra.

- Encapsulación: Una máquina virtual puede representarse (e incluso almacenarse) como un único archivo, de modo que pueda identificarse fácilmente en función de los servicios que presta. Por ejemplo, el archivo que contiene el proceso encapsulado podría ser un servicio empresarial completo. Esta máquina virtual encapsulada se puede presentar a una aplicación como una entidad completa. Por lo tanto, la encapsulación puede proteger cada aplicación para que no interfiera con otra aplicación.

Una recomendación importante es implementar la virtualización siguiendo un enfoque de extremo a extremo. Entre varias ventajas podemos mencionar:

- Potencial para proporcionar beneficios para big data y otros tipos de cargas de trabajo en su entorno.

- Los errores se pueden corregir más rápidamente. Un requisito imprescindible en un entorno de Big Data.

Un error común en las empresas es virtualizar solo los servidores. Esto debe ser bien analizado, ya que puede provocar cuellos de botella en el resto de elementos de almacenamiento y red existentes en la infraestructura de Big Data. Otra consecuencia es no conseguir la latencia y eficiencia necesarias.

Un camino posible es comenzar la virtualización con servidores que logren un cierto nivel de mejoras de eficiencia y proceder según sea necesario para continuar mejorando el rendimiento y la eficiencia general del sistema.

En la práctica, a los equipos de Big Data no les importa el sistema operativo y el hardware físico. Un hipervisor[9] es la tecnología recomendada para garantizar que el intercambio de recursos se produzca de forma ordenada y repetible.

El hipervisor es la señal de tráfico que permite que varios sistemas operativos compartan un solo host. Crea y ejecuta máquinas virtuales. El hipervisor se encuentra en los niveles inferiores del entorno de hardware y utiliza una capa delgada de código (a menudo llamada malla) para permitir el uso compartido dinámico de recursos. El hipervisor hace que parezca que cada sistema operativo tiene todos los recursos físicos para sí mismo.

En el mundo de los macrodatos, es posible que tenga que admitir muchos entornos operativos diferentes. El hipervisor se convierte en un mecanismo de entrega ideal para los componentes tecnológicos de las capas de big data. El hipervisor le permite mostrar la misma aplicación en varios sistemas sin tener que copiar físicamente esa aplicación en el entorno de cada sistema.

Como beneficio adicional, debido a la arquitectura del hipervisor, puede cargar cualquier (o varios) sistemas operativos, como si fueran una aplicación más. Por lo tanto, el hipervisor es una forma muy práctica de virtualizar recursos de manera rápida y eficiente.

El hipervisor está diseñado como un sistema operativo de servidor y tiene esta estructura:

- Cada máquina virtual que se ejecuta en una máquina física se

---

[9] Hipervisor o VMW: el hipervisor es una capa entre el hardware y el sistema operativo.

denomina máquina invitada.

- Cada sistema operativo que se ejecuta en las máquinas virtuales se denomina sistema *operativo invitado*.

- El hipervisor programa el acceso que los sistemas *operativos invitados* tienen a todo, incluida la CPU, la memoria, la E/S de disco y otros mecanismos de E/S.

La tecnología de virtualización se puede configurar para permitir que el hipervisor divida los recursos de la computadora física. Por ejemplo, los recursos se pueden dividir 50/50 o 80/20 entre dos sistemas *operativos invitados*. De esta manera, el hipervisor hace todo el trabajo pesado.

El sistema *operativo invitado* no sabe si se está ejecutando en una partición virtual. En su opinión, tiene una computadora para él solo.

Los hipervisores se clasifican en:

- Tipo 1. Se ejecuta directamente en la plataforma de hardware. Logran una mayor eficiencia porque se ejecutan directamente en la plataforma.

- Tipo 2. Se ejecutan en el sistema operativo host. A menudo se utilizan cuando es necesario admitir una amplia gama de dispositivos de E/S.

En el contexto de Big Data, el beneficio más buscado de la virtualización es garantizar que la tecnología MapReduce funcione mejor. Dado que las tareas de Map y Reduce deben ejecutarse de forma independiente, si el motor de MapReduce está paralelizado y configurado para funcionar en un entorno virtual, puede reducir la sobrecarga de administración y permitir escalados verticales y caídas en las cargas de trabajo de la tarea.

Vale la pena señalar que la naturaleza de MapReduce es inherentemente paralela y distribuida, y que envolverlo en un contenedor virtual le permite seleccionar qué parte de él se ejecutará.

En los siguientes apartados, presentamos un resumen de cómo la virtualización de cada elemento del entorno de TI puede contribuir positivamente al resultado del Big Data.

7 Conclusión.

A lo largo de este libro, hemos cubierto los cimientos que sustentan la arquitectura de Big Data, desentrañando sus capas, herramientas y aplicaciones. Partimos de los fundamentos esenciales, como las 5 Vs del Big Data, hasta una visión detallada de cada componente de la arquitectura, desde la infraestructura física hasta las analíticas y visualizaciones avanzadas.

También exploramos las diferencias entre los principales estándares de almacenamiento, como Data Lake y Data Warehouse, y analizamos las estrategias para integrar Big Data en las operaciones de las empresas modernas.

Este viaje no solo dilucidó los conceptos fundamentales, sino que también puso de manifiesto cómo cada elemento de la arquitectura de Big Data desempeña un papel crucial en el ecosistema de la inteligencia artificial (IA). El Big Data no es solo una tecnología aislada; es la base sobre la que se asienta la IA para ofrecer información, predecir tendencias y tomar decisiones estratégicas.

Sin embargo, este libro es solo el comienzo de una inmersión más profunda y transformadora. La colección "Big Data" está diseñada para proporcionar una comprensión completa e interconectada de todos los elementos esenciales que componen la era de la inteligencia artificial.

Cada volumen se centra en aspectos específicos, desde la implementación y la gobernanza hasta la administración y el análisis de Big Data, lo que brinda al lector una imagen completa e integrada.

Si este libro te ayudó a comprender los conceptos básicos de la arquitectura de Big Data, los otros volúmenes ampliarán este conocimiento, conectándolo con los otros pilares fundamentales de la inteligencia artificial. Juntos, forman una guía indispensable para los profesionales que desean dominar las tecnologías y prácticas que darán forma al futuro.

Al adquirir y explorar toda la colección, tendrás a tu alcance las herramientas y los conocimientos que necesitas para convertirte en un experto en uno de los campos más dinámicos y prometedores del mundo contemporáneo. Que este viaje no termine aquí, sino que sirva de incentivo para profundizar en su exploración y convertir los datos en poder estratégico.

8   Bibliografía.

ACQUISTI, A., BRANDIMARTE, L., & LOEWENSTEIN, G. (2015). Privacy and human behavior in the age of information. Science, 347(6221),   509-514.   Disponível   em: https://www.heinz.cmu.edu/~acquisti/papers/Acquisti-Science-Privacy-Review.pdf.

ACQUISTI, A., TAYLOR, C., & WAGMAN, L. (2016). The economics of privacy. Journal of Economic Literature, 54(2), 442-92.

AKIDAU, Tyler, CHERNYAK, Slava, LAX, Reuven. (2019). Streaming Systems: The What, Where, When, and How of Large-Scale Data Processing.

ALGORITHMWATCH. (2019) Automating Society 2019. Disponível em: https://algorithmwatch.org/en/automating-society-2019/

ARMSTRONG, M. (2006). Competition in two-sided markets. The RAND Journal of Economics.

ARMSTRONG, M. (2006). Competition in two-sided markets. The RAND Journal of Economics, 37(3), 668-691.

BELKIN, N.J. (1978). Information concepts for information science. Journal of Documentation, v. 34, n. 1, p. 55-85.

BOLLIER, D., & Firestone, C. M. (2010). The promise and peril of Big Data. Washington, DC: Aspen Institute, Communications and Society Program.

BOYD, D; CRAWFORD, K. (2012). Critical Questions for Big Data: Provocations for a Cultural, Technological, and Scholarly Phenomenon. Information, Communication, & Society v.15, n.5, p. 662-679.

BRETON, P. & PROULX S. (1989). L'explosion de la communication. la naissance d'une nouvelle idéologie. Paris: La Découverte.

BUBENKO, J. A., WANGLER, B. (1993). "Objectives Driven Capture of Business Rules and of Information System Requirements". IEEE Systems Man and Cybernetics'93 Conference, Le Touquet, France.

CHEN, H., CHIANG, R. H., & STOREY, V. C. (2012). Business Intelligence and Analytics: From Big Data to Big Impact. MIS Quarterly.

CHENG, Y., Qin, c., & RUSU, F. (2012). Big Data Analytics made easy. SIGMOD '12 Proceedings of the 2012 ACM SIGMOD International Conference on Management of Data New York.

COHEN, Reuven. (2012). Brazil's Booming Business of Big Data – Disponível em: https://www.forbes.com/sites/reuvencohen/2012/12/12/brazil s-booming-business-of-bigdata/?sh=1de7e6bc4682

COMPUTERWORLD. (2016) Dez casos de Big Data que garantiram expressivo retorno sobre investimento. Disponível em: https://computerworld.com.br/plataformas/10-casos-de-big-data-que-garantiram-expressivo-retorno-sobre-investimento/.

DAVENPORT, T. H. (2014). Big Data no trabalho: derrubando mitos e descobrindo oportunidades. Rio de Janeiro: Elsevier.

DAVENPORT, T; PATIL, D. (2012). Data scientist: the sexiest job of the 21st century. Harvard Business Review. Disponível em: https://hbr.org/2012/10/data-scientist-the-sexiest-job-of-the-21st-century.

DAVENPORT, T; PATIL, D. (2012). Data scientist: the sexiest job of the 21st century. Harvard Business Review. Disponível em: https://hbr.org/2012/10/data-scientist-the-sexiest-job-of-the-21st-century.

DIXON, James. 2010. Pentaho, Hadoop, and Data Lakes. Blog, October. Disponível em: https://jamesdixon.wordpress.com/2010/10/14/pentaho-hadoop-and-data-lakes/

EDWARD Choi, M. T. (2017). RETAIN: An Interpretable Predictive Model for Healthcare using Reverse Time Attention Mechanism. Disponível em https://arxiv.org/pdf/1608.05745.pdf

GLASS, R. ;CALLAHAN, (2015).S. The Big Data-Driven Business: How to Use Big Data to Win Customers, Beat Competitors, and Boost Profit. New Jersey: John Wiley & Sons, Inc.

GÓMEZ-BARROSO, J. L. (2018). Experiments on personal information disclosure: Past and future avenues. Telematics and Informatics, 35(5), 1473-1490.Disponível em: https://doi.org/10.1016/j.tele.2018.03.017

GUALTIERI, M. (2013). Big Data Predictive Analytics Solutions. Massachusetts: Forrester.

HALPER, F. (2013). How To Gain Insight From Text. TDWI Checklist Report.

HALPER, F., & KRISHNAN, K. (2013). TDWI Big Data Maturity Model Guide Interpreting Your Assessment Score. TDWI Benchmark Guide 2013–2014.

HELBING, D. (2014). The World after Big Data: What the Digital Revolution Means for Us. Disponível em: http://papers.ssrn.com/sol3/papers.cfm?abstract_id=2438957.

HELBING, D. (2015a). Big Data Society: Age of Reputation or Age of Discrimination? In: HELBING, D. Thinking Ahead-Essays on Big Data, Digital Revolution, and Participatory Market Society. Springer International Publishing. p. 103-114.

HELBING, D. (2015b). Thinking Ahead-Essays on Big Data, Digital Revolution, and Participatory Market Society. Springer International Publishing.

HILBERT, M. (2013). Big Data for Development: From Information to Knowledge Societies. Disponível em https://www.researchgate.net/publication/254950835_Big_Dat a_for_Development_From_Information-_to_Knowledge_Societies.

IBM. (2014). Exploiting Big Data in telecommunications to increase revenue, reduce customer churn and operating costs. Fonte: IBM: http://www-01.ibm.com/software/data/bigdata/industry-telco.html.

INMON, W. H. (1992). Building the Data Warehouse. John Wiley & Sons, New Yorkm NY, USA.

INMON, W. H. (1996). Building the Data Warehouse. John Wiley & Sons, New Yorkm NY, USA.2nd edition.

JARVELIN, K. & Vakkari, P. (1993) The evolution of Library and Information Science 1965-1985: a content analysis of journal articles. Information Processing & Management, v.29, n.1, p. 129-144.

KAMIOKA, T; TAPANAINEN, T. (2014). Organizational use of Big Data and competitive advantage - Exploration of Antecedents. Disponível em: https://www.researchgate.net/publication/284551664_Organiz ational_Use_of_Big_Data_and_Competitive_Advantage_-_Exploration_of_Antecedents.

KANDALKAR, N.A; WADHE, A. (2014). Extracting Large Data using Big Data Mining, International Journal of Engineering Trends and Technology. v. 9, n.11, p.576-582.

KIMBALL, R.; ROSS, M. (2013). The Data Warehouse Toolkit: The Definitive Guide to Dimensional Modeling, Third Edition. Wiley 10475 Crosspoint Boulevard Indianapolis, IN 46256: John Wiley & Sons, Inc.

KSHETRI, N. (2014). Big Data' s impact on privacy, security and consumer welfare. Telecommunications Policy, 38 (11), 1134-1145.

LAVALLE, S., LESSER, E., SHOCKLEY, R., HOPKINS, M. S., & KRUSCHWITZ, N. (2010). Big Data, Analytics and the Path From Insights to Value.

LOHR, S. (2012). The Age of Big Data. The New York Times.

MACHADO, Felipe Nery Rodrigues. 2018. Banco de Dados-Projeto e Implementação. [S.I.]: Editora Saraiva.

MANYIKA, J., CHUI, M., BROWN, B., BUGHIN, J., DOBBS, R., ROXBURGH, C., & BYERS, A. H. (2011). Big Data: The next frontier for innovation, competition, and productivity.

OHLHORST, J. F. (2012). Big Data Analytics: Turning Big Data into Big Money. Wiley.

OSWALDO, T., PJOTR, P., MARC, S., & RITSERT, C. J. (2011). Big Data, but are we ready? Disponível em: https://www.nature.com/articles/nrg2857-c1.

PAVLO, A., PAULSON, E., RASIN, A., ABADI, D. J., DEWITT, D. J., MADDEN, S., & STONEBRAKER, M. (2009). A comparison of approaches to large-scale data analysis. SIGMOD, pp. 165–178.

RAJ, P., & DEKA, G. C. (2012). Handbook of Research on Cloud Infrastructures for Big Data Analytics. Information Science: IGI Global.

SUBRAMANIAM, Anushree. 2020. What is Big Data? – A Beginner's Guide to the World of Big Data. Disponível em: edureka.co/blog/what-is-big-data/.

TANKARD, C. (2012). Big Data security, Network Security, Volume 2012, Issue7, July 2012, Pages 5 -8, ISSN 1353-4858.

TM FORUM. (2005). Sla management handbook - volume 2. Technical Report GB9712, TeleManagement Forum.

VAISHNAVI, V. K., & KUECHLER, W. (2004). Design Science Research in Information Systems.

VAN AALST, W. M., VAN HEE, K. M., VAN WERF, J. M., & VERDONK, M. (March de 2010). Auditing 2.0: Using Process Mining to Support Tomorrow's Auditor. Computer (Volume:43, Issue:3.

WANG, Y., KUNG, L., & BYRD, T. A. (2018). Big Data analytics: Understanding its capabilities and potential benefits for healthcare organizations. Technological Forecasting and Social Change, 126, 3-13.

WIDJAYA, Ivan. (2019). What are the costs of big data? Disponível em: http://www.smbceo.com/2019/09/04/what-are-the-costs-of-big-data/

9 Recopilación de big data: desbloqueando el futuro de los datos en una colección esencial.

La colección *Big Data* fue creada para ser una guía indispensable para profesionales, estudiantes y entusiastas que desean navegar con confianza por el vasto y fascinante universo de los datos. En un mundo cada vez más digital e interconectado, el Big Data no es solo una herramienta, sino una estrategia fundamental para la transformación de los negocios, los procesos y las decisiones. Esta colección se propone simplificar conceptos complejos y capacitar a sus lectores para convertir los datos en información valiosa.

Cada volumen de la colección aborda un componente esencial de esta área, combinando teoría y práctica para ofrecer una comprensión amplia e integrada. Encontrarás temas como:

Además de explorar los fundamentos, la colección también mira hacia el futuro, con debates sobre tendencias emergentes como la integración de la inteligencia artificial, el análisis de textos y la gobernanza en entornos cada vez más dinámicos y globales.

Tanto si es un directivo que busca formas de optimizar los procesos, como si es un científico de datos que explora nuevas técnicas o un principiante que siente curiosidad por comprender el impacto de los datos en la vida cotidiana, la colección de *Big Data* es el socio ideal en este viaje. Cada libro ha sido desarrollado con un lenguaje accesible pero técnicamente sólido, lo que permite a los lectores de todos los niveles avanzar en su comprensión y habilidades.

Prepárese para dominar el poder de los datos y destacar en un mercado en constante evolución. La colección de *Big Data* está disponible en Amazon y es la clave para desbloquear el futuro de la inteligencia basada en datos.

9.1   Para quién es la recopilación de Big Data.

La colección de Big Data está diseñada para atender a una audiencia diversa que comparte el objetivo de comprender y aplicar el poder de los datos en un mundo cada vez más impulsado por la información. Tanto si es un profesional experimentado como si acaba de empezar su andadura en el ámbito de la tecnología y los datos, esta colección ofrece información valiosa, ejemplos prácticos y herramientas indispensables.

1. Profesionales de la tecnología y los datos.

Los científicos de datos, ingenieros de datos, analistas y desarrolladores encontrarán en la colección los fundamentos que necesitan para dominar conceptos como Big Data Analytics, computación distribuida, Hadoop y herramientas avanzadas. Cada volumen cubre temas técnicos de una manera práctica, con explicaciones claras y ejemplos que se pueden aplicar en la vida cotidiana.

2. Gerentes y líderes organizacionales.

Para líderes y gerentes, la colección ofrece una visión estratégica sobre cómo implementar y gestionar proyectos de Big Data. Los libros muestran cómo utilizar los datos para optimizar procesos, identificar oportunidades y tomar decisiones informadas. Ejemplos del mundo real ilustran cómo las empresas han utilizado Big Data para transformar sus negocios en industrias como el comercio minorista, la atención médica y el medio ambiente.

3. Emprendedores y pequeñas empresas.

Los emprendedores y propietarios de pequeñas empresas que quieran aprovechar el poder de los datos para mejorar su competitividad también pueden beneficiarse. La colección presenta estrategias prácticas para el uso de Big Data de forma escalable, desmitificando la idea de que esta tecnología es exclusiva de las grandes corporaciones.

4. Estudiantes y principiantes en la zona.

Si eres estudiante o estás empezando a explorar el universo del Big Data, esta colección es el punto de partida perfecto. Con un lenguaje accesible y ejemplos prácticos, los libros hacen que los conceptos complejos sean más comprensibles, preparándote para profundizar en la ciencia de datos y la inteligencia artificial.

5. Curiosos y entusiastas de la tecnología.

Para aquellos que, incluso fuera del entorno corporativo o académico, tienen interés en comprender cómo el Big Data está dando forma al mundo, la colección ofrece una introducción fascinante y educativa. Descubra cómo los datos están transformando áreas tan diversas como la salud, la sostenibilidad y el comportamiento humano.

Independientemente de su nivel de experiencia o de la industria en la que se encuentre, la colección de *Big Data* está diseñada para empoderar a sus lectores con información procesable, tendencias emergentes y una visión integral del futuro de los datos. Si estás buscando entender y aplicar el poder del Big Data para crecer profesionalmente o transformar tu negocio, esta colección es para ti. Disponible en Amazon, es la guía esencial para dominar el impacto de los datos en la era digital.

9.2   Conoce los libros de la Colección.

9.2.1   Simplificación de Big Data en 7 capítulos.

Este libro es una guía imprescindible para cualquier persona que quiera entender y aplicar los conceptos fundamentales del Big Data de una forma clara y práctica. En un formato sencillo y accesible, el libro cubre todo, desde pilares teóricos, como las 5 V del Big Data, hasta herramientas y técnicas modernas, como Hadoop y Big Data Analytics.

Explorando ejemplos reales y estrategias aplicables en áreas como la salud, el comercio minorista y el medio ambiente, este trabajo es ideal para profesionales de la tecnología, gerentes, empresarios y estudiantes que buscan transformar los datos en información valiosa.

Con un enfoque que conecta la teoría y la práctica, este libro es el punto de partida perfecto para dominar el universo Big Data y aprovechar sus posibilidades.

9.2.2   Gestión de Big Data.

Este libro ofrece un enfoque práctico y completo para servir a una audiencia diversa, desde analistas principiantes hasta gerentes, estudiantes y empresarios experimentados.

Con un enfoque en la gestión eficiente de grandes volúmenes de información, este libro presenta análisis en profundidad, ejemplos del mundo real, comparaciones entre tecnologías como Hadoop y Apache Spark, y estrategias prácticas para evitar trampas e impulsar el éxito.

Cada capítulo está estructurado para proporcionar información aplicable, desde los fundamentos hasta las herramientas de análisis avanzadas.

9.2.3   Arquitectura de Big Data.

Este libro está dirigido a un público diverso, incluidos arquitectos de datos que necesitan crear plataformas sólidas, analistas que desean comprender cómo se integran las capas de datos y ejecutivos que buscan tomar decisiones informadas. Los estudiantes e investigadores en ciencias de la computación, ingeniería de datos y gestión también encontrarán aquí una referencia sólida y actualizada.

El contenido combina un enfoque práctico y un rigor conceptual. Se le guiará desde los fundamentos, como las 5 V de Big Data, hasta la complejidad de las arquitecturas en capas, que abarcan la infraestructura, la seguridad, las herramientas de análisis y los estándares de almacenamiento, como Data Lake y Data Warehouse. Además, los ejemplos claros, los estudios de casos reales y las comparaciones de tecnologías ayudarán a convertir los conocimientos teóricos en aplicaciones prácticas y estrategias efectivas.

9.2.4 Implementación de Big Data.

Este volumen ha sido cuidadosamente diseñado para ser una guía práctica y accesible, conectando la teoría con la práctica para profesionales y estudiantes que desean dominar la implementación estratégica de soluciones de Big Data.

Abarca todo, desde el análisis de calidad y la integración de datos hasta temas como el procesamiento en tiempo real, la virtualización, la seguridad y la gobernanza, ofreciendo ejemplos claros y aplicables.

9.2.5 Estrategias para reducir costos y maximizar las inversiones en Big Data.

Con un enfoque práctico y razonado, este libro ofrece análisis detallados, estudios de casos reales y soluciones estratégicas para gerentes de TI, analistas de datos, empresarios y profesionales de negocios.

Este libro es una guía indispensable para comprender y optimizar los costos asociados con la implementación de Big Data, cubriendo todo, desde el almacenamiento y el procesamiento hasta las estrategias específicas de las pequeñas empresas y el análisis de costos en la nube.

Como parte de la colección "Big Data", se conecta con otros volúmenes que exploran profundamente las dimensiones técnicas y estratégicas del campo, formando una biblioteca esencial para cualquiera que busque dominar los desafíos y oportunidades de la era digital.

9.2.6 Recopilación de 700 preguntas de Big Data.

Esta colección está diseñada para proporcionar un aprendizaje dinámico, desafiante y práctico. Con 700 preguntas estratégicamente elaboradas y distribuidas en 5 volúmenes, permite avanzar en el dominio del Big Data de forma progresiva y atractiva. Cada respuesta es una oportunidad para ampliar tu visión y aplicar conceptos de forma realista y eficaz.

La colección consta de los siguientes libros:

1   BIG DATA: 700 preguntas - Volumen 1.

Se trata de la información como materia prima para todo, los conceptos fundamentales y las aplicaciones del Big Data.

2   BIG DATA: 700 preguntas - Volumen 2.

Aborda Big Data en el contexto de la ciencia de la información, las tendencias y el análisis de la tecnología de datos, el análisis aumentado, la inteligencia continua, la computación distribuida y la latencia.

3   BIG DATA: 700 preguntas - Volumen 3.

Contempla los aspectos tecnológicos y de gestión del Big Data, la minería de datos, los árboles de clasificación, la regresión logística y las profesiones en el contexto del Big Data.

4   BIG DATA: 700 preguntas - Volumen 4.

Se ocupa de los requisitos para la gestión de Big Data, las estructuras de datos utilizadas, la arquitectura y las capas de almacenamiento, la Business Intelligence en el contexto de Big Data y la virtualización de aplicaciones.

5   BIG DATA: 700 preguntas - Volumen 5.

El libro trata sobre SAAS, IAAS Y PAAS, implementación de Big Data, gastos generales y ocultos, Big Data para pequeñas empresas, seguridad digital y almacenamiento de datos en el contexto de Big Data.

9.2.7   Glosario de Big Data.

A medida que los datos a gran escala se convierten en el corazón de las decisiones estratégicas en una variedad de industrias, este libro ofrece un puente entre la jerga técnica y la claridad práctica, lo que le permite convertir información compleja en información valiosa.

Con definiciones claras, ejemplos prácticos y una organización intuitiva, este glosario está diseñado para atender a una amplia gama de lectores, desde desarrolladores e ingenieros de datos hasta gerentes y curiosos que buscan explorar el impacto transformador de Big Data en sus campos.

10 Descubra la colección "Inteligencia artificial y el poder de los datos", una invitación a transformar su carrera y su conocimiento.

La Colección "Inteligencia Artificial y el Poder de los Datos" fue creada para aquellos que quieren no solo entender la Inteligencia Artificial (IA), sino también aplicarla de manera estratégica y práctica.

En una serie de volúmenes cuidadosamente elaborados, desentraño conceptos complejos de una manera clara y accesible, asegurándome de que el lector tenga una comprensión profunda de la IA y su impacto en las sociedades modernas.

No importa su nivel de familiaridad con el tema, esta colección convierte lo difícil en didáctico, lo teórico en aplicable y lo técnico en algo poderoso para su carrera.

10.1 ¿Por qué comprar esta colección?

Estamos viviendo una revolución tecnológica sin precedentes, donde la IA es la fuerza motriz en áreas como la medicina, las finanzas, la educación, el gobierno y el entretenimiento.

La colección "La Inteligencia Artificial y el Poder de los Datos" profundiza en todos estos sectores, con ejemplos prácticos y reflexiones que van mucho más allá de los conceptos tradicionales.

Tanto la experiencia técnica como las implicaciones éticas y sociales de la IA te animan a ver esta tecnología no solo como una herramienta, sino como un verdadero agente de transformación.

Cada volumen es una pieza fundamental de este rompecabezas innovador: desde el aprendizaje automático hasta la gobernanza de datos y desde la ética hasta la aplicación práctica.

Con la guía de un autor experimentado que combina la investigación académica con años de práctica práctica, esta colección es más que un conjunto de libros: es una guía indispensable para cualquiera que busque navegar y sobresalir en este campo floreciente.

10.2   ¿Público objetivo de esta colección?

Esta colección es para todos los que quieran desempeñar un papel destacado en la era de la IA:

- ✓ Profesionales de la tecnología: Reciban conocimientos técnicos profundos para ampliar sus habilidades.

- ✓ Los estudiantes y los curiosos: tienen acceso a explicaciones claras que facilitan la comprensión del complejo universo de la IA.

- ✓ Los directivos, los líderes empresariales y los responsables políticos también se beneficiarán de la visión estratégica de la IA, que es esencial para tomar decisiones bien informadas.

- ✓ Profesionales en Transición de Carrera: Los profesionales en transición de carrera o interesados en especializarse en IA encontrarán aquí material completo para construir su trayectoria de aprendizaje.

10.3   Mucho más que técnica, una transformación completa.

Esta colección no es solo una serie de libros técnicos; Es una herramienta para el crecimiento intelectual y profesional.

Con él, vas mucho más allá de la teoría: cada volumen te invita a una profunda reflexión sobre el futuro de la humanidad en un mundo donde las máquinas y los algoritmos están cada vez más presentes.

Esta es tu invitación a dominar los conocimientos que definirán el futuro y formar parte de la transformación que la Inteligencia Artificial trae al mundo.

Conviértase en un líder en su industria, domine las habilidades que exige el mercado y prepárese para el futuro con la colección "Inteligencia Artificial y el Poder de los Datos".

Esto no es solo una compra; Es una inversión decisiva en su viaje de aprendizaje y desarrollo profesional.

11 Los libros de la colección.

11.1 Dados, Informação e Conhecimento na era da Inteligência Artificial.

Este livro explora de forma essencial as bases teóricas e práticas da Inteligência Artificial, desde a coleta de dados até sua transformação em inteligência. Ele foca, principalmente, no aprendizado de máquina, no treinamento de IA e nas redes neurais.

11.2 Dos Dados em Ouro: Como Transformar Informação em Sabedoria na Era da IA.

Este livro oferece uma análise crítica sobre a evolução da Inteligência Artificial, desde os dados brutos até a criação de sabedoria artificial, integrando redes neurais, aprendizado profundo e modelagem de conhecimento.

Apresenta exemplos práticos em saúde, finanças e educação, e aborda desafios éticos e técnicos.

11.3 Desafios e Limitações dos Dados na IA.

O livro oferece uma análise profunda sobre o papel dos dados no desenvolvimento da IA explorando temas como qualidade, viés, privacidade, segurança e escalabilidade com estudos de caso práticos em saúde, finanças e segurança pública.

11.4 Dados Históricos em Bases de Dados para IA: Estruturas, Preservação e Expurgo.

Este livro investiga como a gestão de dados históricos é essencial para o sucesso de projetos de IA. Aborda a relevância das normas ISO para garantir qualidade e segurança, além de analisar tendências e inovações no tratamento de dados.

11.5 Vocabulário Controlado para Dicionário de Dados: Um Guia Completo.

Este guia completo explora as vantagens e desafios da implementação de vocabulários controlados no contexto da IA e da ciência da informação. Com uma abordagem detalhada, aborda desde a nomeação de elementos de dados até as interações entre semântica e cognição.

11.6 Curadoria e Administração de Dados para a Era da IA.

Esta obra apresenta estratégias avançadas para transformar dados brutos em insights valiosos, com foco na curadoria meticulosa e administração eficiente dos dados. Além de soluções técnicas, aborda questões éticas e legais, capacitando o leitor a enfrentar os desafios complexos da informação.

11.7 Arquitetura de Informação.

A obra aborda a gestão de dados na era digital, combinando teoria e prática para criar sistemas de IA eficientes e escaláveis, com insights sobre modelagem e desafios éticos e legais.

11.8 Fundamentos: O Essencial para Dominar a Inteligência Artificial.

Uma obra essencial para quem deseja dominar os conceitos-chave da IA, com uma abordagem acessível e exemplos práticos. O livro explora inovações como Machine Learning e Processamento de Linguagem Natural, além dos desafios éticos e legais e oferece uma visão clara do impacto da IA em diversos setores.

11.9 LLMS - Modelos de Linguagem de Grande Escala.

Este guia essencial ajuda a compreender a revolução dos Modelos de Linguagem de Grande Escala (LLMs) na IA.

O livro explora a evolução dos GPTs e as últimas inovações em interação humano-computador, oferecendo insights práticos sobre seu impacto em setores como saúde, educação e finanças.

11.10 Machine Learning: Fundamentos e Avanços.

Este livro oferece uma visão abrangente sobre algoritmos supervisionados e não supervisionados, redes neurais profundas e aprendizado federado. Além de abordar questões de ética e explicabilidade dos modelos.

11.11 Por Dentro das Mentes Sintéticas.

Este livro revela como essas 'mentes sintéticas' estão redefinindo a criatividade, o trabalho e as interações humanas. Esta obra apresenta uma análise detalhada dos desafios e oportunidades proporcionados por essas tecnologias, explorando seu impacto profundo na sociedade.

11.12 A Questão dos Direitos Autorais.

Este livro convida o leitor a explorar o futuro da criatividade em um mundo onde a colaboração entre humanos e máquinas é uma realidade, abordando questões sobre autoria, originalidade e propriedade intelectual na era das IAs generativas.

11.13 1121 Perguntas e Respostas: Do Básico ao Complexo– Parte 1 A
4.

Organizadas em quatro volumes, estas perguntas servem como guias práticos essenciais para dominar os principais conceitos da IA.

A Parte 1 aborda informação, dados, geoprocessamento, a evolução da inteligência artificial, seus marcos históricos e conceitos básicos.

A Parte 2 aprofunda-se em conceitos complexos como aprendizado de máquina, processamento de linguagem natural, visão computacional, robótica e algoritmos de decisão.

A Parte 3 aborda questões como privacidade de dados, automação do trabalho e o impacto de modelos de linguagem de grande escala (LLMs).

Parte 4 explora o papel central dos dados na era da inteligência artificial, aprofundando os fundamentos da IA e suas aplicações em áreas como saúde mental, governo e combate à corrupção.

11.14 O Glossário Definitivo da Inteligência Artificial.

Este glossário apresenta mais de mil conceitos de inteligência artificial explicados de forma clara, abordando temas como Machine Learning, Processamento de Linguagem Natural, Visão Computacional e Ética em IA.

- A parte 1 contempla conceitos iniciados pelas letras de A a D.
- A parte 2 contempla conceitos iniciados pelas letras de E a M.
- A parte 3 contempla conceitos iniciados pelas letras de N a Z.

11.15 Engenharia de Prompt - Volumes 1 a 6.

Esta coleção abrange todos os fundamentos da engenharia de prompt, proporcionando uma base completa para o desenvolvimento profissional.

Com uma rica variedade de prompts para áreas como liderança, marketing digital e tecnologia da informação, oferece exemplos práticos para melhorar a clareza, a tomada de decisões e obter insights valiosos.

Os volumes abordam os seguintes assuntos:

- Volume 1: Fundamentos. Conceitos Estruturadores e História da Engenharia de Prompt.
- Volume 2: Segurança e Privacidade em IA.
- Volume 3: Modelos de Linguagem, Tokenização e Métodos de Treinamento.
- Volume 4: Como Fazer Perguntas Corretas.
- Volume 5: Estudos de Casos e Erros.
- Volume 6: Os Melhores Prompts.

11.16 Guia para ser um Engenheiro De Prompt – Volumes 1 e 2.

A coleção explora os fundamentos avançados e as habilidades necessárias para ser um engenheiro de prompt bem-sucedido, destacando os benefícios, riscos e o papel crítico que essa função desempenha no desenvolvimento da inteligência artificial.

O Volume 1 aborda a elaboração de prompts eficazes, enquanto o Volume 2 é um guia para compreender e aplicar os fundamentos da Engenharia de Prompt.

11.17 Governança de Dados com IA – Volumes 1 a 3.

Descubra como implementar uma governança de dados eficaz com esta coleção abrangente. Oferecendo orientações práticas, esta coleção abrange desde a arquitetura e organização de dados até a proteção e garantia de qualidade, proporcionando uma visão completa para transformar dados em ativos estratégicos.

O volume 1 aborda as práticas e regulações. O volume 2 explora em profundidade os processos, técnicas e melhores práticas para realizar auditorias eficazes em modelos de dados. O volume 3 é seu guia definitivo para implantação da governança de dados com IA.

11.18 Governança de Algoritmos.

Este livro analisa o impacto dos algoritmos na sociedade, explorando seus fundamentos e abordando questões éticas e regulatórias. Aborda transparência, accountability e vieses, com soluções práticas para auditar e monitorar algoritmos em setores como finanças, saúde e educação.

11.19 De Profissional de Ti para Expert em IA: O Guia Definitivo para uma Transição de Carreira Bem-Sucedida.

Para profissionais de Tecnologia da Informação, a transição para a IA representa uma oportunidade única de aprimorar habilidades e contribuir para o desenvolvimento de soluções inovadoras que moldam o futuro.

Neste livro, investigamos os motivos para fazer essa transição, as habilidades essenciais, a melhor trilha de aprendizado e as perspectivas para o futuro do mercado de trabalho em TI.

11.20 Liderança Inteligente com IA: Transforme sua Equipe e Impulsione Resultados.

Este livro revela como a inteligência artificial pode revolucionar a gestão de equipes e maximizar o desempenho organizacional.

Combinando técnicas de liderança tradicionais com insights proporcionados pela IA, como a liderança baseada em análise preditiva, você aprenderá a otimizar processos, tomar decisões mais estratégicas e criar equipes mais eficientes e engajadas.

11.21 Impactos e Transformações: Coleção Completa.

Esta coleção oferece uma análise abrangente e multifacetada das transformações provocadas pela Inteligência Artificial na sociedade contemporânea.

- Volume 1: Desafios e Soluções na Detecção de Textos Gerados por Inteligência Artificial.
- Volume 2: A Era das Bolhas de Filtro. Inteligência Artificial e a Ilusão de Liberdade.
- Volume 3: Criação de Conteúdo com IA - Como Fazer?
- Volume 4: A Singularidade Está Mais Próxima do que Você Imagina.
- Volume 5: Burrice Humana versus Inteligência Artificial.
- Volume 6: A Era da Burrice! Um Culto à Estupidez?
- Volume 7: Autonomia em Movimento: A Revolução dos Veículos Inteligentes.
- Volume 8: Poiesis e Criatividade com IA.
- Volume 9: Dupla perfeita: IA + automação.
- Volume 10: Quem detém o poder dos dados?

11.22 Big Data com IA: Coleção Completa.

A coleção aborda desde os fundamentos tecnológicos e a arquitetura de Big Data até a administração e o glossário de termos técnicos essenciais.

A coleção também discute o futuro da relação da humanidade com o enorme volume de dados gerados nas bases de dados de treinamento em estruturação de Big Data.
- Volume 1: Fundamentos.
- Volume 2: Arquitetura.
- Volume 3: Implementação.
- Volume 4: Administração.
- Volume 5: Temas Essenciais e Definições.
- Volume 6: Data Warehouse, Big Data e IA.

12 Sobre el autor.

Soy Marcus Pinto, más conocido como el Prof. Marcão, especialista en tecnologías de la información, arquitectura de la información e inteligencia artificial.

Con más de cuatro décadas de dedicado trabajo e investigación, he construido una sólida y reconocida trayectoria, siempre enfocada en hacer accesible y aplicable el conocimiento técnico a todos aquellos que buscan comprender y destacarse en este campo transformador.

Mi experiencia abarca la consultoría estratégica, la educación y la autoría, así como un amplio desempeño como analista de arquitectura de información.

Esta experiencia me permite ofrecer soluciones innovadoras adaptadas a las necesidades en constante evolución del mercado tecnológico, anticipándome a las tendencias y creando puentes entre el conocimiento técnico y el impacto práctico.

A lo largo de los años, he desarrollado una experiencia completa y profunda en datos, inteligencia artificial y gobernanza de la información, áreas que se han vuelto esenciales para construir sistemas robustos y seguros capaces de manejar el gran volumen de datos que da forma al mundo actual.

Mi colección de libros, disponible en Amazon, refleja esta experiencia, abordando temas como la gobernanza de datos, el Big Data y la inteligencia artificial con un claro enfoque en aplicaciones prácticas y visión estratégica.

Autor de más de 150 libros, investigo el impacto de la inteligencia artificial en múltiples ámbitos, explorando desde sus bases técnicas hasta las cuestiones éticas que se vuelven cada vez más urgentes con la adopción de esta tecnología a gran escala.

En mis conferencias y mentorías, comparto no solo el valor de la IA, sino también los desafíos y responsabilidades que conlleva su implementación, elementos que considero esenciales para una adopción ética y consciente.

Creo que la evolución tecnológica es un camino inevitable. Mis libros son una propuesta de guía en este camino, que ofrece una visión profunda y accesible para aquellos que quieren no solo comprender, sino dominar las tecnologías del futuro.

Con un enfoque en la educación y el desarrollo humano, los invito a unirse a mí en este viaje transformador, explorando las posibilidades y los desafíos que esta era digital nos tiene reservados.

13 Cómo contactar al Prof. Marcão.

13.1   Para conferencias, formación y mentoring empresarial.

marcao.tecno@gmail.com

13.2   Prof. Marcão, en Linkedin.

https://bit.ly/linkedin_profmarcao